U0488385

不为彼岸 只为海

宋坤◎著

中信出版集团 | 北京

图书在版编目（CIP）数据

不为彼岸只为海 / 宋坤著 . -- 2 版 . -- 北京：中信出版社，2025. 3. -- ISBN 978-7-5217-4334-0

Ⅰ. K825.47

中国国家版本馆 CIP 数据核字第 2024MC2560 号

不为彼岸只为海

著者：　　宋坤

出版发行：中信出版集团股份有限公司

（北京市朝阳区东三环北路 27 号嘉铭中心　邮编　100020）

承印者：　北京盛通印刷股份有限公司

开本：880mm×1230mm　1/32　　印张：9.5　　字数：203 千字

版次：2025 年 3 月第 2 版　　印次：2025 年 3 月第 1 次印刷

书号：ISBN 978–7–5217–4334–0　　审图号：GS（2024）2389 号

定价：58.00 元

服务热线：400–600–8099

投稿邮箱：author@citicpub.com

献给我挚爱的母亲，
您就像遥远夜空中用微光温暖我的星星，
即使我们从此相隔天涯

目 录

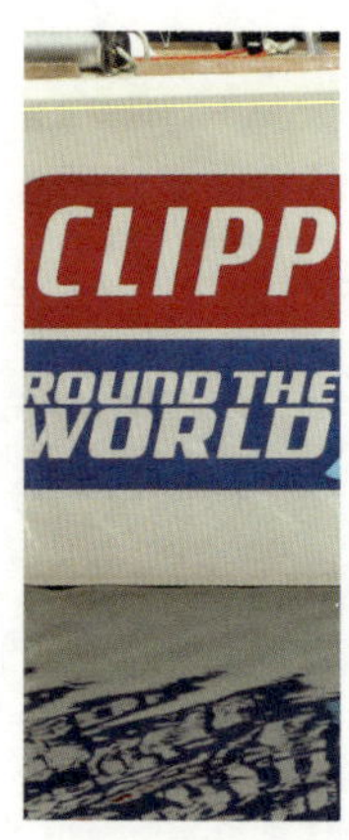

第一章

启程

第二章

大西洋的启示

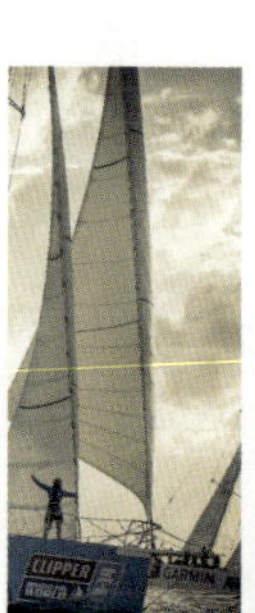

第三章

南大洋牌滚筒洗衣机

第四章

70 英尺长的世界

第五章

漂泊珊瑚海

第六章

路漫漫其修远兮

第七章

爱是太平洋

第八章

另一个世界

再版序

这个姑娘身后有万丈海浪

吴晓波

（财经作家）

“我认出了风暴而激动如大海。”这是里尔克的诗句，说的是旗帜。

认识宋坤后，每次看到这句诗，我便会想起她。

2023 年秋，宋坤随一些北方的朋友一起来杭州激荡书院做客。她身材中等结实，皮肤黝黑，呈少见的古铜色。一众人在桂花树下阔谈喧笑，她一直在安静地微笑。

朋友闹了很久才想起来介绍她：“这是宋坤，中国女子帆船环球航海第一人。”

“环球航海，那要很多天吧？”我随口搭讪。

“八个赛段，315 天，4 万海里。”回答简洁得像一则电报。

我瞬间感到，这个 80 后的姑娘身后有万丈海浪。

几天后，收到宋坤寄来的《不为彼岸只为海》。我平时很少读这类书，然而信手打开之后，居然放不下了，用整整一个下午读完了它。

我读到其中一段：

“那一天，我突然意识到，同舟共济的船友也好，我的妈妈也好，青春年少也好，最终，一切都会随着时间的远走，不断地从我身上抽离。没有谁能够陪你到最后。人生这长长的一路，就是要不断学习如何好好告别。从噙啜着泪水，到举重若轻。”

我放下书，轻轻地叹了一口气。

人大抵便是这样长大的，它不是一个平缓的过程，而是被突然激醒，可能是一场被辜负的恋爱、一次失败的创业、一个家人的死亡，或者一次刻骨铭心、与死神擦肩而过的航海。

在书中，最打动我的是宋坤与母亲的关系，那是存在主义哲学里所谓的“镜像体验”。宋坤以最熟悉的母亲为镜，逐渐投影并寻找到自我意识，航海则是这一寻找历程中的媒介。

宋坤无意识地进行了双重奏式的叙事，陆地幽暗病房里的母亲，大海航行中的生死动荡，以及骤至速离的开阔彼岸，复调的切换构成了生命体验的复杂与吊诡。

在《不为彼岸只为海》的阅读中，我第一次感受到极限运动的魅力。人在大自然面前的渺小和顽强，以及身体体能抵达撕裂和崩溃边缘时的抵抗与觉醒，果然有非同寻常的魅力。

宋坤的这本书还让我想起英国传奇女飞行员柏瑞尔·马卡姆的《夜航西飞》。这两位来自不同文化背景的女冒险家，都不是专业的作家，然而，正是那种“不为别人而写”“只为自己而活”的创作姿态，构成了直抒胸臆、打动人心的文字风格。

再一次见到宋坤是第二年的七月，我邀请宋坤来上海参加“吴晓波频道十周年”的直播活动。见到她后，我说的第一句话是：“你的文字真的很好，你知道吗？”

宋坤天真地笑了，像极了一朵开放的海浪。

这一次《不为彼岸只为海》再版，宋坤嘱我写序，我欣然答应了。作为“交换条件”，她答应来年带我去航海。

序写完了，一个新的约定开始了。

2024 年 8 月 26 日，于杭州激荡书院

推荐序 1

无畏的榜样

罗宾·诺克斯－约翰斯顿爵士
（世界单人不间断环球航行第一人，克利伯环球帆船赛[①] 创始人）

宋坤已经成为历史上第一位完成环球航海的中国女性。这是一次鼓舞人心的航行，不仅为中国的帆船运动和水手，而且为其他有抱负和决心的中国人树立了榜样。

自 1996 年克利伯环球帆船赛开赛以来，已有 80 余名中国公民参加。这些水手中的每一个人都至少穿越过一个甚至更多的大洋，他们深知海洋的凶险与可怕，并掌握了穿越大洋所需要的技能。对普通人来说，这是可以尝试的最具挑战性的运动项目之一。它需要个人拥有决心和专注学习的能力，最终掌握航行和管理帆船所需的一切技能。横渡大洋需要每位水手有能力在一个小空间与其他 20

① 克利伯环球帆船赛是世界上最具影响力的航海赛事和规模最大的业余环球航海赛事。它由英国人罗宾·诺克斯－约翰斯顿爵士于 1995 年提出，1996 年创立，其航程为 4 万多海里（1 海里 =1852 米），旨在让更多的人参与环球航海活动。

个人一起生活、工作至少 12 小时，而且得不分昼夜地持续几周的时间，有时还得在寒冷潮湿的条件下连续航行几天。这不是一个胆小鬼能尝试的挑战。环球航行犹如攀登珠穆朗玛峰，但是，登上世界最高峰的人比环球航行的人更多。可这不就是生活吗？只有克服了生活中的困难，才能带来最大的回报。做一件容易的事很难让你有满足感，只有当你成功地做了一些艰难的事情，你才会获得真正的成就感。

每当一场比赛开始时，克利伯的工作人员都会告诉所有船员：这种经历将改变你们的性格。面对狂野的大自然，只有那些出海的人才能感受到大风带来的巨浪，并由此带给自己更大的自信和更坚定的信仰。正如宋坤的书所展示的那样，这可能是一次改变人生的经历。

中国近年来才开始派人去学习航海并参加比赛。2005 年，当时只有 8 名中国船员在青岛参加了克利伯环球帆船赛。自那时起，我们开始慢慢培养一支经验丰富的中国水手队伍，这些队员最终可以带领中国成为海洋竞赛世界的一支力量。

在 2013/2014 赛季时，宋坤加入了我们的比赛。很快，她就成为所有参赛选手中最受欢迎的一个。这不仅因为她开朗友善的性格，还因为她认真对待航海的态度，她很快就被认为是 200 多名船员中最值得信赖和依靠的人之一。她是一位出色的中国代表。

我总是告诉所有的队员，我想听他们在比赛结束时说，这是他们一生中经历过的最好的一场比赛，然后，我想听到他们说“这只是到目前为止的体验”。我知道航海确实开阔了他们的视野，向他们展示：你可以在自己的人生中做比想象的多得多的事情。宋坤就是这么做的。我为她感到骄傲，并为成为她的朋友而感到自豪。

推荐序 2

愿你是一滴海水

吉　波
（资深传媒人）

我是宋坤的一位朋友，这很重要，否则她不会找我写这篇序；还有，我不是一个位高权重的社会名流，这也很重要，因为她和这本书的编辑免除了“拉大旗，作虎皮”的嫌疑。

作为一名小得可以再小的记者，我在传媒行业里上上下下才翻腾了 20 多年。我应该是在大约十年前的一次采访中认识宋坤的。同事说，有一位很棒的中国女航海家，你要不要采？虽然当时对那个行业一无所知，但我立刻上网搜了一下。我看到一位青岛美女，我说好，什么时候交稿？

好色是男人的通病，或者说是本能。我是一名男性记者，自然也无法或者说不愿摆脱这种美好的天性。我的微信昵称就是“色不异空”——这里的“色”其实指的是万物，不单指女色。我拿这个道理向很多人解释过，但大家似乎都嘻嘻哈哈地不愿相信。唉，不是他们太浅薄，就是我太宽广。

宋坤很好看，是第一眼美女，也是第二眼、第五六眼的美女。这一点非常重要，现代医学的手术刀把很多女孩子的自然美雕琢殆尽。莎士比亚说（他让哈姆雷特说）：“我也知道你们会怎样涂脂抹粉；上帝给了你们一张脸，你们又替自己另外造了一张。”那种随处可见的网红脸，鬼一样地出来吓人，你不会想见第二次。

而宋坤的漂亮是天然的，她的眼睛很大，皮肤很黑，五官精致得令人不禁想起希腊，以及黄金分割。每一次相遇，她都在笑，那种健康快乐的内心感染力像浪花一样飞溅过来。嗯，毫无疑问，我喜欢这姑娘，她真好看。每一个成年人都应该对自己的相貌负责，从这个角度说，这是一个有责任心的小姑娘。

她个子不高，在我眼里是那种真真正正的小姑娘，沉静、快乐得像一滴海水。我本来写的只是一滴水，没有前面的那个“海”字，但我突然觉得海水似乎更为贴切。因为与溪水、湖水、雨水、自来水，甚至汗水、泪水比起来，一滴海水的最大不同在于它永远不会干涸。阿根廷作家博尔赫斯说过：“就像水消失在水中。”以我的知识储备推断，在大海中漂流，几乎是一滴海水恒久长存的唯一方式。

我不知道你看没看过斯蒂芬·克莱恩的《海上扁舟》，经典的好故事，强烈推荐。我甚至觉得李安的《少年派的奇幻漂流》是参照这个拍的。小说这样开篇：“他们谁也不知道天空的颜色。几双眼睛平望出去，紧紧盯着汹涌而来的波涛。波涛是蓝灰色的，只有浪脊上喷溅着白色的泡沫。”而结尾是这样的：“夜幕降临时，白浪在月光中荡来荡去，风把大海的声音传给岸上的人，他们觉得自己现在能够解释这大海的声音了。”

我会和编辑解释，在宋坤新书的序里推荐这样一部短篇小说的意义——因为这两段文字完全涵盖了大海赋予我的感觉。而且我也相信，这个名为宋坤的小姑娘，正是带着这种奇幻的感觉飘飘荡荡地绕了地球一圈，成为中国女子帆船的环球第一人。

我喜欢宋坤的另一个原因是，我从没有听到她在任何人面前说过一句“我是第一个……”“我是最……”之类的自夸，她始终静默呈现着生活带给她的所有惊喜和快乐、无助和悲伤。如果不是这本书充满现实地摆在眼前，我完全无从知晓，一个环球航海的女孩子的内心都经历了什么；我也无法想象在大海这样一个完全不属于人类生存的空间中，一个女子的绝望和无助，以及随之而来的坚毅和勇气。

“你不是孤独的，你不是属于你的。你是我的许多声音中的一个，是我的许多手臂中的一条。你得替我说话，替我作战。倘若手臂断了，声音哑了，我还是站着；我可以用别的声音、别的手臂来斗争。你即使打败了，还是属于一支永不被打败的队伍。”

这段话取自罗曼·罗兰以贝多芬为原型的长篇小说《约翰·克里斯朵夫》，这是一部我最喜欢的文学作品。其实不是喜欢，是深爱。我本来想用它来结束这篇散散淡淡的序文，用它浓墨重彩身为一滴海水的现实意义，但我突然想起曾经采访过的西尔维娅·厄尔，这位已经耄耋之年、世界上单人潜水最深的“深海女王”、美国国家地理学会驻会探险家说：“只要你一直追寻自己的梦想，你离开时的世界，会比来到时更美。”

这本书和宋坤本人，大海和那些无穷无尽的小水滴，都带给我很美好的感觉。谢谢你们，让我们看到生活本来的样子。

前 言

人的一生，有没有一百种可能？

一年的环球航行，看遍了世界各地的海。从此以后再去看海图，每段弯弯曲曲的线条都充满了不同的故事。那些象征海洋的空白，我们的船曾经丈量其上，它们在我心中不再是一无所有，而是无数的挫折与欣喜、绝望与希望。

我出生在海边小城。原本日语专业的我毕业之后更有可能成为一名翻译而不是一名水手。然而，命运借用一次打工的机会把我带进了航海俱乐部，从而选了一条截然不同的路。

30 岁的时候，我陷入了人生的低谷，亟须一个突破口的我做了一个决定：跟随一条大帆船去环球！我渴望通过一场大冒险重新找到自己，做一件看起来极不可能的事情来重拾信心。然而，随后的一年前前后后发生了太多事，以至于事情的发展远远超过了我最初的预期，最终连同环球航海本身，成了一场让我始料未及的旅程。这些经历，还有带给我这些经历的人重塑了我。我把这些故事记录了下来，起初是担心自己遗忘，后来是为了分享给更多同样在路上寻找自己的伙伴们。

相比于陆地，帆船像是一座移动的岛。在近一年的时间里，我的世界就只有 70 英尺长。在这个特殊的世界里，我简单直接，无从掩饰自己

最真实的一面。它像爱丽丝的兔子洞，也像一场虚拟现实的电子游戏，它有自成一派的规则和逻辑。在这个世界里，有考验也有奖赏，有受伤也有死亡。我们在这里参加试练，如果能够通过，就会把磨砺与成长带回现实世界里，成为一个更有勇气的人。然而，这个试练的过程很艰辛，艰辛到每个人在风暴中都要再质疑自己一万次：“我究竟在这里做什么？”

每年，克利伯环球帆船赛中都会有近 1/3 的参赛人员因为种种原因中途退出——伤病，抑郁，家庭变故……放弃远比坚持容易得多。

网上有人曾经计算过一个概率问题：“如果一件事的成功率是 1%，那么重复 100 次至少成功 1 次的概率是多少？”答案是，63%。看似小概率的事情在反复尝试中，成功率会不断提高，可见，坚持向着你的目标迈进，会得到令人惊讶的结果。

郭川船长说：“我在海上哭的时候，比在现实生活中多得多。”

也许，那些所谓的勇敢的人，并不是从来没有感受过脆弱，而是哭完了，歇一歇，回来再做一遍。

如何成为想要成为的那个自己？

也许，答案是：63%。

人的一生，有没有一百种可能？

也许有一种是坚持下去，没有放弃。

现在，这些环球航海背后的故事，让我全部分享给你。

全球航行路线示意图

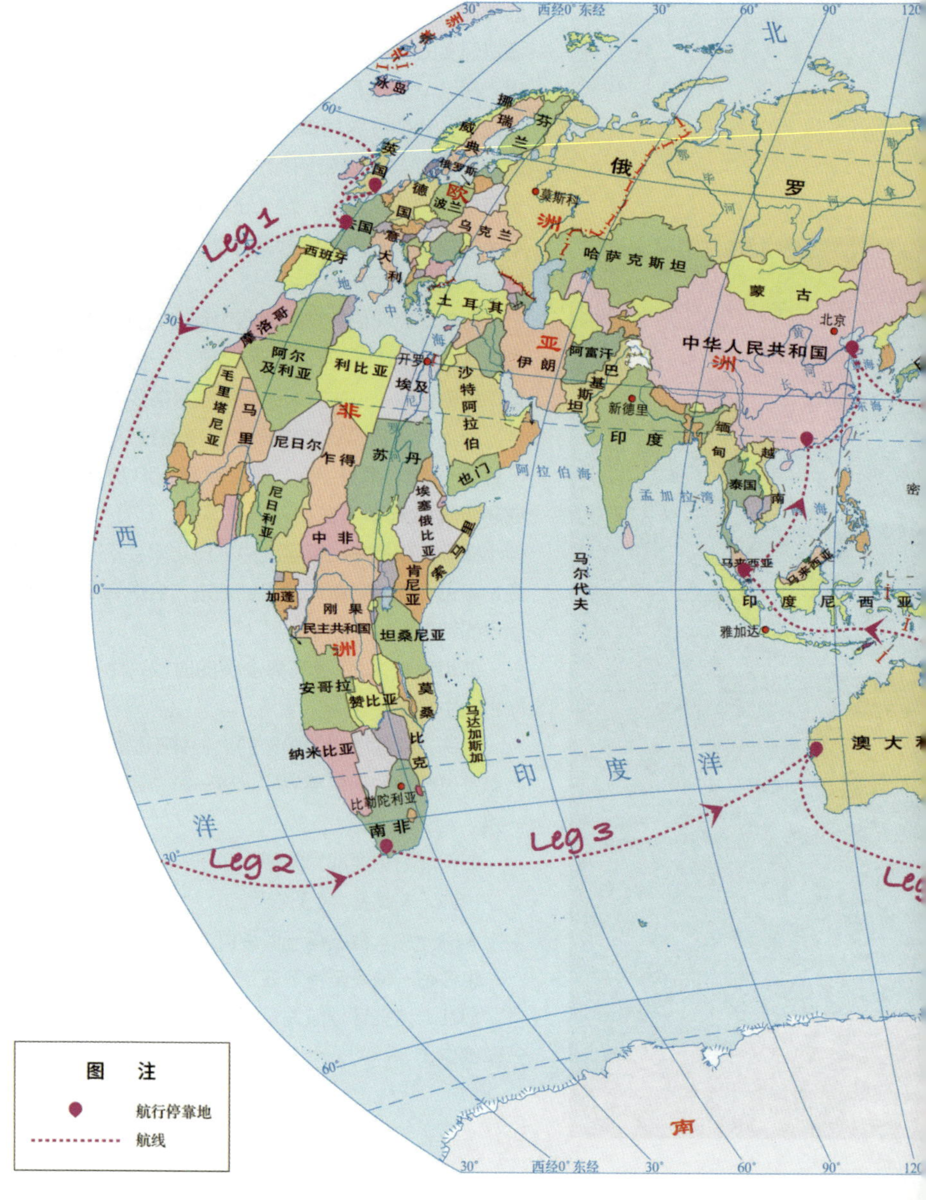

Leg 1
Leg 2
Leg 3
冰岛
挪威
瑞典
芬兰
英国
法国
德国
波兰
意大利
西班牙
欧洲
乌克兰
俄罗斯
莫斯科
哈萨克斯坦
蒙古
中华人民共和国
北京
亚洲
土耳其
伊朗
阿富汗
巴基斯坦
新德里
印度
缅甸
泰国
马来西亚
印度尼西亚
雅加达
沙特阿拉伯
也门
阿拉伯海
孟加拉湾
摩洛哥
阿尔及利亚
利比亚
埃及
开罗
毛里塔尼亚
马里
尼日尔
乍得
苏丹
尼日利亚
中非
埃塞俄比亚
索马里
肯尼亚
加蓬
刚果民主共和国
坦桑尼亚
安哥拉
赞比亚
莫桑比克
纳米比亚
比勒陀利亚
南非
非洲
马达加斯加
马尔代夫
印度洋
澳大利亚
北
西
洋
南
西经0° 东经
30°
60°
90°
120°
0°
图注
航行停靠地
航线

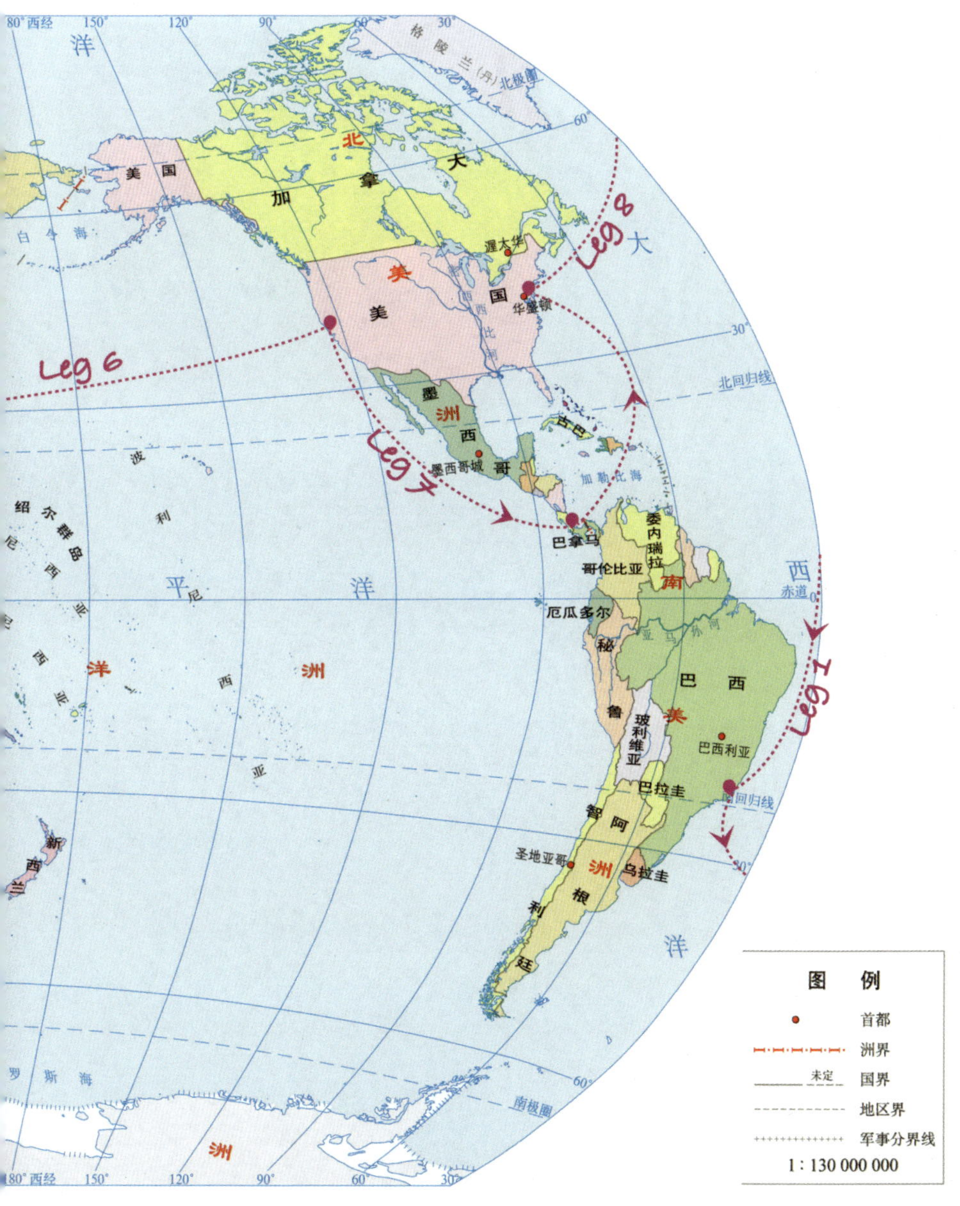

北美洲
美国
加拿大
渥太华
华盛顿
墨西哥
墨西哥城
古巴
巴拿马
加勒比海
委内瑞拉
哥伦比亚
南美洲
厄瓜多尔
秘鲁
巴西
巴西利亚
玻利维亚
巴拉圭
智利
阿根廷
圣地亚哥
乌拉圭
格陵兰(丹)
北极圈
北回归线
赤道
南回归线
南极圈
白令海
罗斯海
南极洲
太平洋
大西洋
波利尼西亚
密克罗尼西亚
新西兰
Leg 1
Leg 6
Leg 7
Leg 8
图例
首都
洲界
国界
未定
地区界
军事分界线
1 : 130 000 000

第一章

启程

GBR
725X
CLIPPER
Invest
Africa
ROCKPORT

环球往事

图片来源：布雷恩 · 卡林
(Brain Carlin)

北太平洋的风暴一个赛一个凶残，我们在北纬40度左右的区间上，低气压一个紧跟着一个袭来。甲板上的暗夜简直像是噩梦一场，没命地下着雨，又黑，又冷。天和海都成了模糊的一团，没有一丁点儿的方向指导意义。若没有罗盘，恐怕即使转个大半圈，我也不会有知觉。大浪推着船左摇右摆，老船员要凭着极好的经验和体力才能掌舵。几天下来，我的左右两个手腕都因为不断地用力而扭伤，一边贴了一片膏药强撑着。

而今晚正是进入太平洋以来狂暴中的最狂暴。

为了防止甲板上的海水灌到舱室，上下甲板的船舱口都用木板堵上了，而这种方法在我记忆中只有在南大洋用过一次。

除了前甲板灯光照亮的一小块地方，海天就只有不断晃动的模糊轮廓。狂风卷起海面上的飞沫，沙砾一样没命地甩过来。除了舵手必须坚守岗位，所有人都蜷缩在甲板中间最低、最安全的位置。七八米高的浪在船周不安地翻滚着，海水像煮沸了的浓汤。巨浪粗暴地推搡着我们的船在暗夜的大海中跌跌撞撞，不时，一个巨浪以排山倒海的气势盖上甲板，人瞬间就被压在了水下。呼啸的风声，狂暴的海浪翻涌和撞击船体的声音，支索在风暴中颤抖的呜呜声，以及船体被狂风拖拽着疯狂冲下巨浪的那种不断加速到失控的水声交织在一起，无休无止，震耳欲聋。甲板上的每个人都用安全索把自己和船紧紧拴在一起。在这个完全癫狂的时空之中，船是我们唯一生的维系，一旦被甩出甲板，毫无疑问就是巨浪中的长眠。一片无尽黑暗的风雨汪洋中，摧枯拉朽的自然伟力再次向我们展示了它的冰山一角。我们卑小纤弱，恍如蝼蚁，生与死皆在大海的股掌之间。

舵像磨盘般沉重和难以掌握，船长亲自在舵上也应付得越来越吃力。仪表盘上的数字在颤抖着一路攀升，瞬间船速已经达到28.7 节[①]！

我们跌跌撞撞地降了大前帆，又降小前帆，降到我们的船只剩下缩到不能再缩的一面主帆撑着。船依然像一条狂暴扭动的巨蛇，四五个舵手轮流倾尽全力掌舵。

小乔治扯着嗓子大声地问：“加洛夫，我们还能做些什么？”

“祈祷，”加洛夫船长说，“祈祷。”

……

挪亚方舟

肿瘤医院的病房陈旧又狭窄，好在它坐落在老城区的四方路市

① 专用于航海和航空的速度单位，1 节（kn）=1 海里 / 时 =1.852 千米 / 时。——编者注

场附近。20 年前，这里曾经是青岛市最热闹的地方。不过，随着城市中心东迁之后，西部早已没有了往日繁华的商铺，原先的商业局小医院也被实力雄厚的市立医院收编，因为规模不大又坐落在安静的后街，后来就把肿瘤病房都迁到了这里。医院的外墙还是那种老式的淡淡的绿色，夕阳安静地洒下来，窗台四周墙皮斑驳，屋顶的杂草随风摇动。四周都是灰灰黄黄、四五层高的老房子，或者是那种连厕所都没有的团结户筒子楼。楼下是推着小车的菜贩和各种经营快餐的小饭店。拆迁也是拆不到这里的，这里是一个被城市和时间遗忘的地方，除了路旁的树每年长得略微粗壮了一些，一切都和 20 年前毫无二致。

小时候，我常随父母来附近买菜。我对这个外表斑驳且沉默的大楼没有特别的印象，只记得街角的那家寿衣店，刷白的灯罩招牌上用红色的油漆写着字，它无论什么时候总是有气无力地合着两扇镶着玻璃的木门。

我提着早饭和从早市上买的几个新鲜的洋梨走进电梯。这部电梯也是“祖父”级别的了，每一次合上门后，它就像老大爷一样哆哆嗦嗦地起身，抖得让人肝颤。

推开病房的门，妈妈已经醒了，她正靠坐在枕头上看平板电脑，精神还不错。我亲了亲她的脸：

“娘亲，昨晚睡得怎么样？想我了吗？”我做了个鬼脸逗她。

“想了一晚上哦，想你想得都睡不着觉！”她撒起娇来依然毫不客气。

我笑了，边和旁边病床的那对夫妻打招呼，边从床头柜里拿出饭缸把稀饭盛好。然后提起桌上的暖壶，去开水间打开水。

新的一天开始了。

锅炉里的水还没烧开，我靠在门口走了会儿神。

小半年了，其间，我每月陪妈妈来这里做一次介入治疗。从起初的诚惶诚恐到现在的习以为常，似乎只要假以时日，无论多么艰难的现实都可以被人类的生存系统消化掉。这种坚强的本能让我每每想起都觉得不可思议。

在住进肿瘤医院之前，我从来不知道世界上有这样一个地方——上下电梯里头发稀疏的伯伯，走廊里默默徘徊的阿姨，食堂里在你前面排队等待的叔叔，还有趴在阳台上打电话的小女孩……每一天，他们都要心平气和地与死神交涉。

华服是什么？金银是什么？胜负是什么？爱恨是什么？

有时，大半夜里，我会听见小车轮子咕噜噜转动的声音从病房门口经过，让我不由得猜测又是哪间病房的人离世了。

生命在这里就像一堆被摊开的筹码，我才知道，原来每天让我们眼花缭乱的浮生世事不过是生命这棵华美大树之上的附庸。

我提着暖壶回到病房，邻床阿姨的丈夫正在用自己偷偷带来的小电锅加热昨晚煮的稀饭。

“自己煮的，”他憨厚地笑道，“要不要喝一点儿？”

“不用啦，叔，我也带饭了，您一会儿别让护士看见就行。”我冲他挤挤眼睛。

他们是从郊区过来看病的，钱花得非常谨慎。白天他们会去菜市场买点儿菠菜回来用小锅加盐煮一下，晚上两口子就挤在一张病床上睡。虽然每次来住院都会有不同的病友同房，但无论出身背景如何，在恶疾面前人人都恢复了平等，大家同病相怜，因此都很能相互体谅、相互帮助。

我把暖壶里的开水倒了半杯先凉着。妈妈端起碗，用小勺舀着稀饭。我剥了一个茶叶蛋给她，她伸手的时候犹豫了一下，想了想，只要了蛋清。

“你杨叔中午过来吗？”

“嗯，他做了午饭就送过来。”

“你老公对你真是好呀，”邻床的阿姨忍不住插起话来，“脾气一等一的好，照顾你又那么细心，我家这位粗枝大叶的和人家真是没法比。”

妈妈笑了笑，她没有刻意解释她和杨叔叔还没有结婚这件事。其实他们原本也该领证了，只是她忽然病倒了。人算不如天算。

医生进来查房，表扬妈妈恢复得不错，明天就可以办理出院，下个月再回来。

圆脸的护士小姐姐给她挂上吊瓶。

我守在她床边，透明的点滴，一滴紧跟着另一滴，看得人出神。

星象上说，2012 年是多事之秋。这一年，象征着制约、磨砺和回归现实的土星缓缓进入了天蝎座，一切都是一场考验——书上说。玛雅人的历法推算到这一年便没了下文，众说纷纭的结果是，世界末日会在这一年来临。结果，全面崩坏的不过是我的小宇宙。

这一年我终于离婚了。八年的伴侣，两年的挣扎，身心疲惫、遍体鳞伤。

我的人生第一次遭受如此打击。一份爱是怎么消耗殆尽，乃至成为疤痕的，我想不通。

我辞去工作，想换个地方重新开始。

我连去哪里都还没想好，就在列侬酒吧里看到了那张海报。

那是一条我再熟悉不过的大帆船，曾经带我跨越过大西洋的“青岛号”。

汪洋之中，“她”就像一座沉默的孤岛，脆弱得好像不可依靠，又偏偏有一种倔强的力量透出来。我愣在原地，移不开视线。我想象自己坐在那条船的船舷上，猛烈的风浪将我的过往冲刷洗白，从此任凭命运带我漂流四方。

海报上写着——环球船员招募。

“这就是命运的安排，”我轻声说，“你在这个时候出现了，我的挪亚方舟。”

几个月后，我经过重重努力和多方帮助拿到了环球船员的船票。媒体团队确定了，赞助商确定了，训练计划完成了，一切看起来即将顺理成章的时候，妈妈却突然病倒了——检查结果出来，竟然是肝癌！

你到底在跟我开什么玩笑？

命运女神笑而不语。

是谁说的，只要孤注一掷，便可以主宰自己的人生？

到头来，我恍然大悟，原来生死无常也不过是命运女神的游戏。

我只能仓皇接招，疲于奔命。

“你去航海的事情怎么样了？”妈妈坐起身，忽然问道。

“我不去了，陪着你。”我没抬头，专心按摩着她的手掌穴位。

“我不信你就放下了。”

“以后还有机会。”

“肯定有吗？”

“……不一定，这个全程船员的名额是因为城市赞助才有的。如果以后政策变了，就难讲了。”

“那你去吧。”

“开什么玩笑，那你怎么办？”

“杨叔叔会照顾我的，我觉得自己恢复得也不错。”她停了停，又说道：“你还记得你上次从大西洋回来，第一次跟我说要去环球的时候，我是怎么回你的吗？”

“你说，你要打断我的腿。”我苦笑了一下。

她呵呵地轻笑着。

“这半年我的病情稳定了，以后就是长期治疗，医生不是说了吗，十年八年也有可能。我也不能拖着你十年八年什么都不干。我想好了，你去吧。你答应我，如果去了，咱绝不能半途而废。我答应你，好好配合治疗，等着你回来。”

我一句话也说不出来，眼泪像断了线的珠子噼里啪啦往下掉。我想说，我一点儿都不想去，然而那只是言不由衷的白色谎言。半年来，我把航海梦深深埋起，把话烂在心里。可妈妈就像这样，张开羽翼保护了我一辈子，即使在她最虚弱的时候，也依然替我做了一个我自己做不出的决定。

她意味深长地看着我："你一直都是我的骄傲，我想和你一起完成你的心愿。"

伦敦的"下马威"

咚的一声，一个结结实实的防水大包被丢到码头上，震得浮码头"花枝乱颤"。码头上的众人惊魂未定，紧接着又丢下来一个。

"先生们，女士们！很抱歉，你们不是来度假的！"船长加洛夫带着工业化重金属的曼彻斯特口音，话说得又快又急，活像《植物大战僵尸》里的连发豌豆。他又瘦又高，手长脚长，一脸嫌弃地抱着胸说道："如果我没在 100 封邮件里写清楚，那么我现在告诉你们，你们每个人只有 20 公斤的限重！环球船员 25 公斤！"他恶狠狠地挥舞着双手："这是一条赛船，不是你的个人游艇！如果你不想总是跟在其他船的屁股后面，那就丢掉多余的重量！我再给你们最后一次机会，把你们的高跟鞋和笔记本电脑统统弄回家里去，否则开船之后我会亲手给你扔到大西洋里去！"结尾，他生硬地挤出一个微笑，让这段话多少有了点儿玩笑的意思，不过只有笨蛋才看不

生活都被装进了防水袋
图片来源：王波

出来这是赤裸裸的威胁。

彼得爸爸捅了捅我，幸灾乐祸地说："Vicky（维姬），你的行李至少得扔掉一半吧？"

我恶狠狠地回头瞪了他一眼，他很配合，做出"饶命"的表情。

浮码头上，大家皱着眉头席地而跪，也顾不上什么隐私了，大家分头在光天化日之下整理自己多余的行李。我以为只有中国人才会想着蒙混过关，实际上外国人也都和我差不多。麦乐妮扯出一件内衣，边收拾边喃喃自语，看起来很痛苦的样子。她报名的是前三个赛段，因为要经过赤道，跨越寒暑两季，所以准备的装备和全程赛段的装备也差不多。

我皱着眉头扒拉了半天行李——岸上穿的、高温航行穿的、冷得要命的时候穿的，内衣一袋，帽子手套一袋，航行配件一袋，摄影摄像器材一袋。走的时候已经是精挑细选的行李，现在不得不忍痛又将几件换洗衣服、一双鞋子和一些备用的物件交给伦敦的朋友带回家去。就这样，还超重五六公斤，我实在不能再放弃其他任何一件了，我把行李偷偷塞到了彼得爸爸的床底下，假装是他的行李。

“青岛号”是一条 70 英尺长的单体龙骨远洋帆船。“英尺”是英制计量单位，换算成公制也就是 21.336 米。这和我以前驾驶的七八米长的小帆船相比，简直就是庞然大物。复杂的帆系统就更不用提了——迎风船首大前帆（Yankee，也叫扬基帆）三套，顺风球帆（Spinnaker）三套，小前帆（Stay Sail）一套，风暴主帆、前帆（Storm Main & Jib）各一套，觅风帆（Wind Seeker）一套——加上主帆（Main Sail）整整 11 套帆。而且，要根据不同的风力、风向等情况对它们进行搭配。11 个绞盘，2 辆绞车，船帆升降全部依靠人力操作完成。甲板上层是值班工作的主要场所，主要是换帆、调帆和驾船；甲板下层则是这条船的“大脑”、“心脏”和船员生活区。

从舱口的台阶背身而下，就直接进入了半开放式厨房。为了减少火灾隐患，煤气罐储藏在船尾的储物舱里，煤气通过管道远程输送到厨房。做饭时可以使用煤气灶或者下方的烤箱。由于输送的气量有限，所以两者同时使用的可能性几乎为零，用烤箱就不能烧水，炒菜就不能烤面包。厨房两侧靠船壁的位置各有一排简易沙发——说是沙发，其实就是靠垫罢了，这也是船员休息和用餐的沙龙。从沙龙往前走，会经过用来储存食物的两张床铺；再往前，就是由一扇厚重的防水门隔开的帆舱，地上层叠着一米多高的各种备用船帆，我们每次几乎都要爬着进去。床板上放着船员不常用的大件行李，这些行李被绳子紧紧捆住，再绑上帘布固定。帆舱总是湿漉漉的，即使是在最干爽的日子，当我们下到这里时，也要为一股又腥又湿的味道大皱眉头。

爬过帆山，又是一道防水门，这里是真正的船头了，也是船上最颠簸、最狭窄的地方，甚至容不下两个人错身，一旦离岸就极少再被使用。这里挂着各种颜色的缭绳和到岸才会用到的防碰球，到处都被塞得满满当当。

一路退回到中舱的沙龙，继续往船尾走，就会进入船员的寝室。寝室被中间的引擎室隔成左右两舷，每一舷各有上下 8 张简易床铺。说是床铺，其实更像是一侧固定在船舱上的担架，只不过比担架多了个软垫。床板可以根据情况升降高度，来适应船的倾斜程度。床铺外面有一层起保护作用的帘布，通过天花板的滑轮可以反复加固，睡觉的时候要仔细绑好，防止自己在大浪的颠簸中从床上掉下来。船尾相对平稳的地方是导航室，卫星电话、船上的各种电源总闸、仪表、船员与外界联系的媒体电脑都在这里。这里也是对一整条船发出指令的地方。船长的床铺紧挨着导航室，他拆了原本在头顶的另一张床，与普通船员相比，他有了可以在床上坐起身来的空间，

伦敦圣凯瑟琳码头
图片来源：江泳涛

这也就是他作为船长拥有的唯一特权了。

船上的空间非常狭小，每个人都没有什么私人空间可言。平时穿的衣服都塞在防水袋里，放在床板旁的储物格里或者床下仅有的一点儿空间里。有两张床铺的条件实在太差，不能住人，大家的睡袋就都放在那里，绑上帘布，当作储物的地方。

就这么一个狭小紧凑得可怜的世界，平时要住十五六个船员，每两个人共用一张床铺，按照上下值轮流睡觉，根本没有属于自己的空间，更不用奢望什么隐私了。

我因为来得早，所以先挑了船上最好的一张下铺位置安顿下来，最后来的就只剩下犄角旮旯里的上铺，躺在那张床铺上，连弯腿都费劲。

忙碌了几日备船，出发的时间就不紧不慢地如期而至了。

一大清早，圣凯瑟琳港口都是从各地蜂拥而来送行的亲友们，

伦敦塔桥为我开

图片来源：江泳涛

四周全是欢呼声、汽笛声和告别声。船员都聚集在船头同送行的亲友呼喊挥别，喊得嗓子都哑了。在一片喧嚣和热闹声中，我们的船解缆起航。我很羡慕他们有爱人可以吻别，有亲友可以拥抱。伦敦离我的家乡这么远，我只能从这里孤身起航。可这些欢呼声又好像鼓舞了我，我振起双臂，拼命挥舞，好像我的老朋友们就藏在人群之中，“再见了！好好保重！我也爱你们！”

伴随着渐行渐远的送别声，我们离港口也越来越远。太阳的光芒从刺眼转变为温和，柔和的海风拂面而过，陆地从繁华的都市大厦变为郊野的绿地，又渐渐地变成一片模糊的绿色。浪花拍打着船舷，哗哗作响，我坐在船舷上，偷偷打量着船上这群奇奇怪怪的人，想着从此就要和他们亲密无间地朝夕相处了。无论男女老少，我们都被命运牵连到了一起，从此在一条船上荣辱相依。

这事有点儿像包办婚姻。我突然想到这儿，不知道该不该笑。

欢迎来到新世界

船开到外海，就好比生命进入了开阔的天地。除了偶尔见到的几只海鸟，放眼望去是无尽的空阔。我们的船一刻不停地前行着，却好像永远都在原地徘徊。我们原本熟悉的世界消失了，我们小小的船就像这个宇宙中唯一漂浮的陆地，仿佛整个人类文明的火种就遗留在我们十几个人的身上。

船长把全船的人均分成了两个组，分别由凯斯和乔纳森担任值班长。我们采用白天6个小时一班、晚上4个小时一班的四六制值班系统[①]。

两个值班组的成员两两对应，两个人共用一张床铺，一起值"妈咪"班。和我对应的正是段文菲。

文菲也是来自中国的姑娘。这次比赛除了我是全程船员，还有另外8名中国船员，他们每个人一个赛段，将用接力的方式和我一起跑完全程。段文菲就是跑第一棒的船员，对我来说这是非常难得的心灵慰藉，因为至少每一段都会有一个来自中国的同伴在船上。

"你不觉得船长是故意这样安排的吗？"散会之后她用中文说，"他不想让两个中国人凑在一起讲中文。"

"亲爱的，很显然这是两个中国人凑在一起要做的事情。"我耸耸肩，"这样是挺可惜的，我醒了你睡，你醒了我睡，几乎没什么机会可以在一起。不过，我们可以每十天八日地一起当一次'妈咪'班，研究一起做点儿好吃的。"

"好吧，至少我们当'妈咪'班的时候可以一起做中餐！"她无奈地笑着说。

"对了，你的腰怎么样了？听说培训的时候旧伤复发了？"

"我还有一点儿担心，这次比赛之前我一直在理疗。"她摩挲着自己的后腰，"……希望能撑过去吧。"

① 这是海军多年留传下来的最公平也是最科学的值班系统。四六制值班系统的好处在于，不仅每个班的成员可以在白天拥有一次较长的睡眠，而且第一天和第二天的上班时间是完全相反的。睡觉的班组人员会在上值前30分钟被叫醒，所有人必须在上值前5分钟到甲板报到。

“这是第一赛段，我们得好好表现，”我冲她笑笑，“去睡个好觉吧。”

“你值个好班。”文菲回复了一句，转身进了寝室。只不过比其他人晚了几分钟而已，寝室里已经一片寂静。

我点燃煤气灶，煮上一壶热水：“大家想喝点儿什么吗？”我站在两级阶梯上，趴在舱口给大家一个甜美的微笑。一听到茶，甲板上鼓掌附和声一片。

无论什么时候，只要你问英国人“Tea（茶）？”，几乎永远不

亲爱的厨娘

会被拒绝。船上能够用来享受的东西实在捉襟见肘，而一杯热茶总能让所有人获得如同重返陆地的片刻轻松。喝茶的人心怀感激，泡茶的人也通过服务获得了众人的认可。

事实上，从第一次上船参加培训的时候开始，我这个来自茶文化故乡的中国人就彻底被他们震惊了。英国人喝茶极为讲究，即使在船上，每个人喝什么口味的茶（红茶、花草茶、薄荷茶还是绿茶），加什么样的辅料（一茶匙糖、两茶匙糖、牛奶还是蜂蜜），都会被详细地写在茶单上，并且贴在厨房里。大家轮流志愿下船舱泡茶，即使刮风下雨，甚至顶风颠簸，船速十几节，站都站不稳，大浪不时从前面浇过来也不例外。几乎每隔一小时，我们就要来上一轮“tea time”（喝茶时间）。我打出娘胎以来喝的茶都没有我上船后一个星期喝得多。

一轮茶伺候下来，大家瞬间就融洽了不少。风和日丽，甲板上的值班工作不过就是轮流掌舵、调帆，剩下的人就聊聊天，相互多认识一些。我看着他们，个个都是十分亲切的样子。听以前跑过比赛的人说，第一赛段是蜜月期，大家刚刚上船，相互之间还彬彬有礼；待到后面颠簸的日子来了，人人原形毕露，那才叫精彩。我忐忑地看着我的队友，他们看起来都像很好相处的样子，特别是全程船员彼得爸爸和小乔治，我们几乎一见如故。彼得这次和段文菲一个班组，于是小乔治和我就成了无话不聊的朋友——说是无话不聊，其实多半是他在喋喋不休地说，我在津津有味地听而已。这个只有19岁的小话痨，卷卷的红色头发，瘦瘦小小的，却可以不停地从上

左起：船长、罗曼达、小乔治

值唠叨到下值。

“……嗨，Vicky，你知道吗，我的第一个女朋友就是从中国来的哟！她的中国名字叫什么来着？你可是这船上年纪和我最接近的人了。什么？好吧，你也 30 了啊……你问我为什么选择当全程船员？我压根儿不知道还有赛段船员这个选项啊。我爸给我报名了以后，我还以为来参加比赛的都是环球赛段的人呢！我可是从 16 岁开始就向往这个比赛了哟——可是那个时候我年纪太小，只能眼巴巴地看着，不能参加。而且，我爸看我也不是学习的料。你知道吗，我一看书就头疼，我就是喜欢船！我爸跟我说，他就不浪费钱给我上大学了，他用这些钱给我报了个全程船员的资格，我以后就当个职业航海员吧。对了，我是童子军的领袖哦，教小孩儿什么的我最在行了。这趟环球路上，组委会给我准备了不少世界各地的童子军活动，和你一样，我也会是克利伯的明星船员哦。对了，说起明星船员，咱们船上那个大厨劳伦斯……”

一个值班很快就过去了。

水手的自我修养

在四六制值班系统的支配下，我们很快就变成了船上运行系统的一颗颗螺丝钉。虽然在上船之前，每个船员都经过了为期四周的培训，但是真的等到比赛开始，大家都忘了个七七八八。我们就像刚过了驾考第一天上路的“菜鸟”，胆战心惊。一方面，我们都想表现出最好的自己；另一方面，我们又担心自己破绽百出。值班长就更不用说了，“压力山大”，他们不光要自己做对，还要付出心力去照顾其他人。凯斯本来就不苟言笑，当上值班长之后更是一副“扑克脸”。每天，每个人脆弱的自尊心都提到了嗓子眼儿，只有坚持到下值的时候才敢稍稍舒一口气。

导航一般由船长来定夺，组委会每天都会准时传来最新的 48 小时气象云图，船长就根据风力变化和洋流走向来制定我们行船的方向，同时还要考虑其他船队的相对位置来运用一点儿战术。这是整个航行过程中的高级工作。船长在导航台前一坐就是几个小时，反复权衡航线。一旦他的航行计划制订好，就会把航行角度传达给值班长，值班长负责管理甲板上的人员，并按照船长的计划来跑船。掌舵的人要精准地控制航行方向，调帆的人要不断检查船帆是否被调整在最佳的角度。

因为帆船是完全依靠风的动力前进的，所以如何运用帆是核心技术。简单地说，为了维持船的平衡，风大的时候用小帆，风小的时候用大帆，风大到过载的时候就要缩帆或者降帆。换帆的过程很复杂，而且每面帆少说也有几百斤重，需要全体水手汗流浃背地协力完成。

恶劣的天气总是说来就来——上午还是风和日丽，到了下午就开始乌云密布、阴风阵阵。船紧跟着就进了区域性低气压，大浪从船头掀过来，把船头的人打了个精湿。整个船开始上下左右颠簸摇晃，简直像筛糠，用不了半天，第一批船员就开始受不了了。只见劳伦斯踉跄着连滚带爬地到船尾哇哇地吐起来，其他三四个船员也受到传染，轮流爬过去，吐得萎靡不振。

船舱里也是一片狼藉，没有固定好的书本、衣服和各种小物件散落一地。大家下舱的时候两手牢牢地抓住舱顶的把手，摇摇晃晃，活像挂在树枝上的猴子。

白天已经很不容易了，夜里更是举步维艰。

深夜一点半，我从最深沉的睡眠中被叫醒，感觉自己好像才睡着似的，心里委屈极了。夜里起床是最艰难的，每次我都要和自己百般搏斗才能滚下床，摸索着收拾好床铺上的东西。同一个班组的人都在这时先后钻出睡袋，狭小的过道顿时被挤得满满当当。大家在半睡半醒间，一层层地往身上套衣服。在微弱的红光中，我们摸索着从倾斜的内舱慢慢移动到外舱，套上防水服和救生衣，挂上安全索，再排着队爬上甲板接班。

夜航时，甲板上是没有灯的。上值的船员在漆黑的舱口先把自己的安全索挂到甲板上的固定带上。因为天黑，所以我们还要再喊一声“× × ×on deck”（× × × 上甲板啦），自报家门。

世事漫随流水，算来一梦浮生

图片来源：布雷恩 · 卡林

值班长做完交接，会介绍一下他们刚刚值班的情况："船长的新指示是……；制水机终于不再漏水，但是还请注意检查船底下的水情况；最后一次日志是在30分钟之前记录的；我们看见一条路过的货轮，好在我们一如既往地及时反应，没有撞上；我们的罗盘航行方向200度，对地航行角度180度……祝你们值班愉快！"然后他高高兴兴地带着他的班组人员下去睡觉了。

经过交接班的嘈杂后，甲板再次安静下来。值班的水手们找到相应的位置，再次检查好安全索待命。

漆黑的夜色在宁静中掩盖了一切，等我们的眼睛渐渐适应了黑暗，一切就开始露出清晰的轮廓。冷风把我们剩余的睡意吹得全无，整个人终于清醒过来。我站在船尾，看着颠簸中的船，似乎找到了一种奇妙的平衡。我抬起头，一轮明月安静地守候在夜空，星星在黑暗的幕布上明明灭灭，好似在低语。夜空广阔无垠，目之所及，几乎要撑裂了胸怀。这些美景让我忘记了身上所有的湿冷和不适。风声、浪声交会在一起，我们仿佛在无边的银色草原上起伏驰骋，我情不自禁地拉下面罩，让自由的风肆意吹入发间，我感到每一个细胞都呼吸到了这种自由的气息。永恒变换的浪涛，一首连绵不绝的催眠曲，这一切让我忘记了来处，忘记了痛苦，忘记了时间，让此时变成了这永恒画面中的一笔。

冥冥之中，仿佛有人在说，一切匍匐前行的路途都是值得的。

球帆噩梦

我们就这样一路开了三天，只在法国的布雷斯特做了短暂的停靠，之后便放开球帆，一路沿着西班牙的西海岸南下。从顶风变成顺风跑船，船上的日子变得容易起来，没有风浪的颠簸，以劳伦斯为首的晕船水手们也终于“复活”了。球帆到底威力大，船速一直在十一二节，这对一条 30 多吨重的船来说相当快了。然而，我还没有高兴多久，让人头疼的新问题就接踵而至。

球帆是升在船头又轻薄又庞大、像个风筝袋一样的特殊船帆，不仅升降的步骤复杂、调帆的过程费心，就连对舵手开船角度精确度的要求也很高。它是绝对讲究木桶效应的最典型的代表。任何一个猪队友都可能带来灾难性的后果，更何况我们才刚刚组队。从船上唯一一个职业船长的角度来看，这基本是一船来自屠宰场的朋友。每个班组都是大小状况频出，值班长一上值就有点儿胆战心惊，而船长则是特别心塞。

“船长！球帆绞了！”

“船长！舵失控了！”

“船长……”

这一天，好不容易一个白天相安无事、晚上正睡得迷迷糊糊的时候，我听见船员寝室的门开了。接着一阵稀里哗啦的声音，听起来像是球帆下舱了。我本来以为是另一个班组在换球帆，可是凌晨 2 点等我起来上值的时候，降下来的球帆还在地上堆着，从寝室一直到船首的帆舱摊了一地，我们连落脚的地方都没有。这是怎么回事？

艾瑞卡凑过来给了答案：“……球帆破了！”

“什么？！”

原来，我们刚去睡觉没多久，他们那组人在降球帆的时候就出问题了——飘在空中的球帆掉进海里，巨大的球帆沾了海水后变得沉重无比，他们一组人费了九牛二虎之力试图把球帆拖上来的时候，却不知道球帆已经勾住了船底。结果，刺啦一声，球帆从头到中间被撕开了一个T字形的大口子——对我们来说，最重要的3号球帆报销了。

打结的球帆是对整个团队的技术嘲笑……
图片来源：江泳涛

午餐时间是一天中两个值班组都同时清醒的唯一时间，所以我们的碰头会通常就是大伙儿在船舷上端着饭盆儿边吃边开。船长有点儿抓狂。

“……我绞尽脑汁想出来的完美的航行计划，你们一个晚上就给搅黄了！这个角度，这个风力，3 号帆是我们最理想的选择。多好的一个超越的机会，就这么白白断送了！现在别说当领头羊，不落在大部队的尾巴上就谢天谢地了！”

“这几天大家抓紧时间补帆！”他叹了口气，“只能希望其他队也多犯点儿错了……”

来自苏格兰的吉米在我耳边低声补充了一句：“我不是生气，我只是失望。”

甲板上一片压抑的沉默，连呼吸都显得格外沉重。

午饭过后，补帆用的“之”字缝纫机被搬出来了，它跟我小时候家里用的缝纫机有点儿像——看上去庞大、沉重，应该是个老古董。

球帆在中间有一个巨大的 T 字形豁口，这个豁口如此之大，以至于我们在狭小的船舱里无论怎样折腾都只能是管中窥豹，难以想象其全貌。我们只能摸索着从一头补起。先用双面胶材料沿着豁口的一边贴好，再把另一边贴合起来，然后用缝纫机沿着贴过的地方的四周跑上一趟线。我们一边贴一边缝。船舱狭小、颠簸、闷热，我们只能一小段一小段地进行。更闹心的是，缝纫机不停地出问题：一会儿不进底线了；一会儿跳针了；一会儿“之”字针变成平针了；一会儿浪打过来，手一松，零件掉到地板下面的缝隙里了，我们只好再搬开地板，各种脸贴地地找……

在这个热得让人发昏的狭小船舱里，我和凯斯连续补了几个小

毫无疑问，我们被嘲笑了很多次……

时的帆，但进展依然缓慢。人高马大的值班长愁得不断搓脸，我也累得没人形了，这工作折磨得我俩几乎发疯。我们望着那些能在甲板上值班的船员，心里充满艳羡——他们的状态在我看来，简直无异于在办公室里喝茶聊天、打情骂俏。

我真的受够了！

我烦得要死，一抬头看见加洛夫船长表情严肃地把一袋玉米粒倒进锅里，然后翻来翻去。我正纳闷的时候，锅里开始发出乒乒乓乓的声音，他面无表情地望着那口锅。噼里啪啦的爆米花的声音好像喧腾的鼓点，热闹了好一阵子才慢慢消停下去。他做了一个深呼吸，关了火，打开锅盖，把金灿灿、香喷喷的爆米花装到两个大碗里，一个撒上盐，一个撒上糖，然后递到甲板上去。

甲板上顿时爆发出一阵欢呼。

我和凯斯对视了一眼，突然明白了：他是在“捏气泡膜”啊。

我想起一位认识的朋友，她在一家跨国公司当副总。“没办法，有时候我实在是控制不住要对下属发脾气，”有一次她和我说，“情况特别糟的时候，我下了班就一个人待在家里穿珠子，一坐就是几个小时，直到自己的情绪稳定下来。我把珠子串成项链或者手串，第二天上班就送给同事们，他们很开心地收下，我们就算是和解了。”

当船长的压力一定很大——每天工作 24 个小时，没有喘息的时

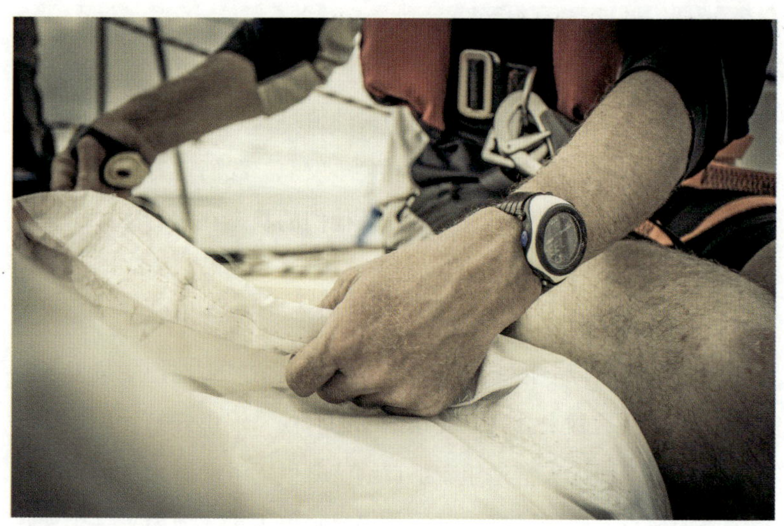

新三天，旧三天，缝缝补补又三天

图片来源：布雷恩·卡林

候，还要对所有人的生命负责。而且，无论他怎么讨厌这群不断制造麻烦的“菜鸟”，他都要有耐心，不能开除任何一个人，也不能放弃任何一个人。

这个世界有时难免会令我们失望，与我们的愿望背道而驰。我们需要一个人畜无害的爱好，比如捏气泡膜、串珠子，或者爆点儿爆米花，等情绪恢复了再重新开始。

吃人家嘴软，拿人家手短。

吃了船长爆的爆米花，我和凯斯再次振作，把头埋到云山一样的球帆里去。

经过两天半没日没夜地轮班补帆，3 号球帆终于重新在船首飘扬起来。看着球帆肚子上大大的伤疤，我们感慨万千。在它身上耗费了太多的心血，每个人对它都有了一份特殊的感情。按照船上的规矩，凡是补过的帆都要给它起个名字。船长说：“我早已经想好了，就叫我前女友的名字。”

他望着那轻盈飘扬的球帆，心中五味杂陈地说：“原以为你我是长相思，哪知不过露水情。”

但愿人长久

经过每天的上值下值，大家越来越适应自己水手的新身份。同样进入循环的，还有像部队一样铁打的值班和规律的生活。简单的日子在甲板上下重复和流逝着，日期的概念越来越淡，在这个 70 英尺的“孤岛”上，陆地上的事情渐渐变得越来越遥远。

我一直很怕自己因此错过中秋节，但是我忘了，每天晚上，月亮都能看见漂泊的我。

但愿人长久，千里共婵娟
图片来源：潘平

夜晚，无边的大海上，月亮从一个小小的月牙渐渐变得丰满、明亮。有时，即使它藏在云层后面，我也能凭透出的那点儿微弱的光晕想象出它的存在。今晚的月亮真的很美，月光明亮亮地照在波光粼粼的海面上，变幻莫测，让人看到失神。

每天，我都看着月亮的形状，猜测离满月还有几天。可当中秋节到来的时候，在海上，也不过是和往日完全一样的一天。我有些沮丧，这里一点儿节日的气氛也没有。我给家里打了一个卫星电话，妈妈说话听起来中气十足，我稍稍放心了些。她说：“家里给你留了蛋黄白莲蓉的月饼，放在冰箱里，等你回来的时候吃。”

临近晚上的时候，华裔船员乔恩告诉我，他带了一个月饼来。我和文菲简直喜出望外。我们三个人都舍不得吃。晚上10点，两个班组换班的时候，乔恩小心地把这个绿豆馅的月饼细细地切成了21份，端上甲板分给大家。每个人只有薄薄的一片，抿在嘴里就当尝尝月亮的味道了。我借此机会搜肠刮肚，在夜色中把嫦娥和玉兔的传说讲了一遍。人群中突然有人仿佛顿悟：“啊哈，我终于明白，为什么中国最近发射的火箭搭载了一辆叫‘玉兔’的月球车了！”这让我们几个华人深感欣慰和自豪。

段文菲和我一起清唱了一首《但愿人长久》，和着海浪，茫茫夜海之上古老的诗句抑扬顿挫。下值的船员微笑着下舱睡觉去了，一切重新安静下来。我坐在如霜的夜色中，满月的光覆盖在我裸露在外的每一寸肌肤上。

即使是千年的时光，对这茫茫宇宙来说，也不过瞬息吧？

最终，嫦娥也好，苏轼也好，我和妈妈也好，世间众生最后都不过是不知归处的尘埃。

唯有时间永恒。

但愿人长久，千里共婵娟。

讨厌的乔纳森

从小，我最怕的事就是不被别人喜欢。

父母总是冷战，年幼的我小心翼翼地在夹缝中揣摩他们的脸色。我要乖巧，要嘴甜，要忍让，要独立。我仰着脸，尽力用甜美的笑容讨得他们疲惫的欢心。

爱要权衡得失，怨要不着痕迹。

在成人以前，我就已然有了这番心得。

我和所有的船员都相处得很好，可偏偏有一个乔纳森，就是不吃我这一套。

乔纳森是一位50岁出头的英国大叔，据说他经营着一家其家族传承了几代的房屋建筑公司。劳伦斯背地里告诉我："乔纳森可是有千万身家的人，除了当老板之外没干过别的。你看他人高马大，浅色头发，不苟言笑，一副董事长的架子。"

乔纳森不对我笑，也不喝我泡的茶，甚至在上下值交班的时候，打个照面也是"嗯"一声就过。

如果是个赛段船员，合不来就算了，偏偏这家伙也是全程船员，未来一年的时间都要和我抬头不见低头见。我们这条船总共也就20多米长。每次想到未来要和这样的人日日夜夜共处一船，就让人心烦意乱。

对我来说，乔纳森先生绝对不是一个令人愉快的旅伴。

就拿前几天来说，风和日丽，甲板上的工作清闲不少，午饭之后的值班难免有些燥热无聊。

"要是有点儿音乐就好了。"不知道谁说了一句。

吉米拍手笑道："好主意，音响在船长那儿，我去拿。"

不一会儿，吉米就从下舱把那个防水小音响拿上来了。布鲁斯轻松的节奏响起来，甲板上一下子变成了一道让人愉悦的风景线。海风轻扬，船在画中游。我在船尾忍不住随着节拍轻轻地摇摆起来。大家正沉浸在乐曲当中，突然听见舱口传来了怒不可遏的吼声：

“谁在我的脑袋顶上放这该死的音乐？”

紧接着，一脸愤怒的乔纳森光着膀子出现在了舱口：“你们难道不知道我在睡觉吗？”

他光着上身，边说边上了一级台阶，我隐约看见他只穿了一条平角底裤。

大家完全没有料到会出现这样的状况。愣了几秒钟，吉米才反应过来，他赶紧把音响关掉了。

乔纳森从舱口消失了。

大家面面相觑，气氛尴尬极了，值班长也显然很没面子。甲板上放音乐是件很平常的事情，我们睡觉的时候，他们组也会放音乐。说实话，一下值，人都已经累得眼皮直打架了，别说放音乐，就是打雷放炮也照睡不误。再说了，就算退一万步讲，音响刚好放在他头顶的甲板上，他也可以上来和气地说一句，犯得着这么发火吗？

事后，我跟艾瑞卡打听乔纳森，艾瑞卡撇撇嘴说：“他不准我们值班的时候听音乐，他说这会分散舵手的注意力。我不怎么喜欢他，虽然他是副值班长。”

天啊！还好这一段没分到他们组，惹不起我总躲得起吧。

然而，长路漫漫，夜长梦多，展望未来，我有点儿隐隐的担忧。

马戏团生活

昨天夜里我们撤下了球帆，换了扬基帆和前帆开始跑侧迎风的航线。船身在十六七节的风里倾斜颠簸起来，在船上的行动再次开启马戏团模式——吃饭吃一脸，尿尿尿一身，即使是睡觉也睡得摇摇晃晃。这种感觉就好像狂奔的汽车后座上放着一个鱼缸，而你就是鱼缸里的一条惊慌失措的小鱼，时刻担心着自己被三晃出缸，真恨不得浑身上下多进化出几个吸盘来把自己固定踏实了。

深夜 12 点半，我在半睡半醒之间听到咣当一声，紧跟着是一个女人痛苦的呻吟声。糟了，我赶紧翻身起来开灯查看，是睡在我上铺的利兹摔到了地上。她趴在那里呻吟着。我们开了灯检查她的状况，船长也闻讯赶来，好在她还能动，没流血，也没伤到关节，还算幸运。

利兹四五十岁，是大学里的一位女教授，她又瘦又高，留着齐耳短发，平时做事很严谨，也许这次只是她一时大意，没有系好帘布。

我和利兹教授的关系一般，看她没有大碍，便和大家一样，赶紧爬回自己的格子里继续睡觉。

说真的，这种事我已经见怪不怪了。城市是人类给自己构筑的一个堡垒，安养其中的我们已经忘了生命是多么不堪一击，而原始的大自然又是多么凶险。拿这条船来说，这里的一切都能易如反掌地干掉你好几遍——突如其来的巨浪、甲板上的球缭、厨房里的稀饭、咯咯作响的绞车、打滑的靴子、横飞的罐头、没绑好的冰箱，甚至你挚爱的床……

上一次培训的时候，从上铺摔下来的家伙磕破了脑袋，鲜血直流；而上上次，一个睡上铺的女船员摔下来的时候不巧磕到了脖子，因为担心伤到脊椎导致终身残疾，船长最后决定让她中途退赛。当时我们正在横穿大西洋，真正是“前不着村，后不着店”，连直升机救援都遥不可及，最后只能硬生生掉头开了三天三夜回到加拿大最东边的小镇圣约翰斯，放下伤员之后再掉头，花了多一倍的时间再次穿越大西洋。

上届比赛，有几个船员断了手指，还有一位船长的腿摔断了。

船上有十几个医药箱，从治疗小疼痛的芬必得到断胳膊断腿用的吗啡，从心肺复苏手册到自动体外除颤器，满足各种居家旅行需求。在最极端的状况下，船上甚至有裹尸袋，当真“周到至极”。

以前我总是很忌讳谈到死亡，到了这条船上才发现，死亡如此稀松平常。在宇宙和自然的面前，我们渺小如草芥、如微尘、如齑粉，一场飓风就可以将我们彻底从海图上抹去。甚至毁灭整个人类文明，需要的也不过是一场大洪水。

我们从来就不是那么重要的存在。

面对这浩渺波涛，一个水手所祈求的全部，不过是大海的慈悲。

依然是深夜，上了甲板之后，一片漆黑。我被浪花中闪着点点荧光的浮游生物吸引，它们像暗夜里的碎金裂玉，在幽暗的海里发出微弱的光芒。这些生命，对于它们终日生活其中的海洋又知道多少呢？

夜空中，群星闪烁。

是谁说的，人类一思考，上帝就发笑？

发光的水母群

海上的生活变得越来越规律，上值下值，吃饭睡觉。每天我会挤出半个小时下值的空闲时间窝在沙龙上写我的航海日记。旁边厨房里，“妈咪”们又开始切洋葱了，无处可躲的我泪眼模糊。

远洋航海，新鲜的蔬菜很快就会烂掉，除了玉米和豆子罐头，只能储备很多的洋葱、胡萝卜和土豆。首次接手采购任务的劳伦斯大概也没有具体概念，一下子买了十几麻袋的洋葱，天天吃，顿顿吃，没完没了，吃得每个人上厕所都是一股洋葱味儿。据说，经过赤道的时候，会有祭拜海神的仪式，那个时候，每个人都要献出点祭品以示尊重。我不知道别人打算祭点儿什么，反正我打算把我未来半个月的洋葱份额拿出来祭祀他老人家。

今天 GPS（全球定位系统）上的数据显示：

北纬：7 度 20 分 766 秒

西经：25 度 27 分 729 秒

纬度 10 度以下，我们已经正式进入赤道无风带。

这种感觉很奇异，虽然还在海上，但这大海好像已经不是我所熟悉的那片海，它怎么看都不像真的——海水青蓝透彻，仿佛到底都是空的。没有风，海面只有非常微小的起伏，粼粼的细纹，一眼望过去，似乎可以看到天的尽头。四周都是这样缓平无边的海面，像《楚门的世界》里最后的场景：楚门航行到世界的尽头，那里没有风，也没有浪；没有起伏，也没有悲欢。敲敲天空，他发现：世界原来不过是一块巨大的布景。

21 点 20 分，大家从睡梦中被摇起来值夜班。

月亮还没有升起来，天上只有微弱的星光。四周是漆黑的一片海、漆黑的一条船和漆黑的一群人。我的眼睛适应好半天，才能借着微弱的星光把这一切看个大概的轮廓。

风力弱，大家都在下风处坐着压舷。我接替上个班的舵手，边开船边在清凉的夜风中保持清醒。天上没有可以导航的星星，我盯着罗盘上晃来晃去的数字，不时地抬头看着船头前进的方向，忽然觉得余光中似乎有什么亮亮的东西，我侧头一看，是海中的荧光，和平时夜里常见的如翻花碎玉般小小的浮游生物的荧光不同，这次的足足有灯笼那么大，而且越聚越多，大大小小地点亮了整个海面。在船头压舷的船员们发出一阵阵惊奇的赞叹声——原来我们的船正在经过一大片发光的水母群。

太神奇了！我望向这些美丽、神奇的生灵。在船尾的两侧舵叶翻起的水花中，越来越多明亮柔软的水母被搅起，现身在黑暗的海面上，让我们的船自带了一条由成千上万条荧光水母连接而成、一直延伸到天边的闪光航迹。它们像这漆黑无边的大海里自在悠游的巨大灯笼，整整五六个小时，目之所及，全是它们梦幻般闪着荧光的柔软飘摇的光影。这样庞大的种群，真的是在以人类不可思量的数量级存在着。在这无边的大海里，在我们走过的和还没有走过的几万海里航程上，还会有多少美丽神奇的生命存在于这片神奇的大海之中，只是它们从未向我们现身罢了。想到这些，连我的心都不由得变得轻盈柔软起来。

我想起小时候喜欢看的《辛巴达航海历险记》，里面的种种不可思议的场景和故事，现在想来，或许有些许真实也未可知。想想看，在这片无尽的汪洋里，有多少像这样奇异的生命和场景存在呢？水母发出的奇幻的光这么微弱，照相机也好，摄像机也罢，都没有办法捕捉成像，一切的神奇美妙都只能存在记忆里。

等到天亮了，恐怕只有这一船的人能证明我没有发疯，不是在船上待久了出现的幻觉。可是，当我们返回陆地，同船的水手们也四散在世界各地了，还有谁能证明这奇幻的一切真的发生过呢？

是的，没有谁能证明。

况且，就算是能拍得到照片又能怎样呢？

没有什么能和这一刻震撼我灵魂的感受同日而语。

就像很多时候，只有当事人才能独自体会某种情感——第一次完成马拉松时流下的泪水，或者终于开悟时那一刻的喜悦。

其实我们不需要别人来证明自己活着。

也许，有时候，比试图让别人去理解更重要的是，我记得自己曾经感受到了什么。

燃烧的火焰海

向南，向南，罗盘航向 180 度。天气一天比一天热，天空变得越来越高，云彩也从北半球常见的鱼鳞片状和棉花糖状变成不断高耸的云鬟。这些高高堆叠的云彩简直让人吃惊——从白到灰居然可以有那么多的光影和层次。最近，市面上有本小说很火热，书名叫《五十度灰》，我看用来形容这些云彩倒是贴切得很。

每天早上 9 点过后，日光便开始亮得肉眼不能忍受了，必须戴墨镜。桅杆底下哪怕只有一丝丝的阴影，大家也会像叠罗汉一样挤进去。船舱底下，几个迷你电风扇呼呼地吹着，但我依然难以感到一丝清凉。大家穿得越来越少，却仍是黏糊糊一身臭汗，睡也睡不着。我扎了两个羊角辫，寻思着离赤道还有多远。看样子，还没到赤道我就要变成“人肉 BBQ（烧烤）”了，《西游记》里的火焰山也不过如此吧？

从前一天开始，海平面变得异常平静，只有非常柔和的起伏，风也越来越微弱。船速一度只有一二节的水平，这可不是好兆头。没有风，我们几乎陷入了比赛的绝境，GPS 的坐标显示，上值下值都是白做功，我们几乎一动不动。

白天已经热得受不了了，船长在甲板上拉起篷布，给上值的班组一点儿可以躲避的阴凉。然而，甲板下的船舱由于空气不流通，简直成了魔鬼般的蒸笼，即使睡着也会被热醒，浑身都是汗。我的腰背和胸口这些成天捂着的地方开始一片一片起痱子。痱子如果发炎，便会流脓、感染、溃烂。我才知道，在船上若是连痱子处理不好都会没命。

前几天，乔纳森上大号的时候堵了厕所，后来经过种种不得而知的方式自己手动疏通了。船上的规矩是：谁污染，谁治理。从此之后，大家上厕所都提心吊胆。正常使用的情况下，手动冲水马桶先是空挡抽 10 下，进水挡抽 10 下，然后再返回抽空挡 10 下完成。如果是在上下值使用厕所高峰期，你坐在沙龙中间的沙发上等，会听到前后两个厕所简直像是在参加竞赛一样，间歇性地咯吱咯吱咯吱，抽个没完。连如个厕出来都是一身臭汗，真是没一件事是省心的。

湿了干，干了湿，衣服又没法洗，只能继续穿。我觉得我的衣服很快就能靠自己站在地上了，人也一样，又臭又硬。

睡在夹缝中

今天一早起来，得到了两个消息。

一个消息是：我们离里约热内卢（以下简称“里约”）还有大约 1800 海里。虽然摆脱了无风带，开始了强信风航行，但是按照现在 8 节的船速，到达里约还要 10 天。10 天？ 10 天？预计从里约出发去南非的日期是 10 月 11 日，也就是说，中间只有 3 天的到岸休息时间。这 3 天还要对船舱进行大清洁、大保养，还要进行大采购，干完这些马上又启程，我对里约的种种计划和期待现在一下子变成了随风破裂的小泡泡。小乔治不敢把这个消息告诉段文菲，怕她听了又得哭鼻子。从法国出发以来，她腰上的旧伤复发，疼得她无法正常参加甲板工作，一到雨天更是疼得偷偷哭。她毕竟年纪还小，没受过什么大挫折，这一路的风雨疲惫让她做梦都想回家，天天扳着指头和我算日子。原以为最多就有一周了，这下又变成了10天。如果告诉她，她肯定要崩溃了。

另一个消息简直就是雪上加霜：要像这样左舷风一直跑到里约，现在就要减轻船头的重量。船长下了“把所有行李重物全部移到左舷中舱的铺位上压舱”的决定。

左舷中舱?

左舷中舱!

这个地方怎么听起来这么耳熟?其他船员向我和段文菲投来了同情的目光，我心里顿时一沉：那里不正好是我们两个人的床铺嘛!

果不其然，我和文菲要让地方了。好不容易在船上安顿下来，在这狭小的船舱里有了属于我们自己的一个小小空间，而且行程过了大半，什么都用得顺手了，谁知这下子又要搬走。更何况因为我来得早，原来床铺的位置是船上最好的一个，离舱口最近，又是下铺。现在，全船只有别人挑剩下的那种犄角旮旯里漏水的上铺。这种顶风颠簸的航线，从上铺爬上爬下就跟在马戏团里没两样，文菲腰上还有伤，这样一来会更加困难。我和文菲满肚子说不出的委屈，然而船长的决定是肯定不会更改的。没有办法，只能执行。

我们默默地收拾好自己的物品，放到防水袋里腾出地方，这下估计一直到里约都是乱七八糟的了。中午，我看见段文菲默默地站在原来床铺的地方，像是默哀一样。现在，那个床铺上已经堆满了从前舱搬过来的大件行李和重物。我也很难过，于是用力地扭开头不去看。一整天，我都很沮丧，我不知道这是不是船长有意刁难我们两个从中国来的女孩子。人家都睡得好好的，偏偏我们要搬家。是因为上次我在法国大清洁的时候迟到了，还是因为文菲隔三岔五掉眼泪让他觉得需要给我们点儿教训？从他戏谑的脸上我无从得知，心里却暗暗记恨起来。

我爬上船尾附近的一张上铺休息，调整好床板高度。在床上，我仰卧着一屈膝就能碰着天花板，更别提坐起身了。我如果有幽闭恐惧症，恐怕现在已经疯了。睡到一半，船身跳在浪头上，一个大的倾斜颠簸，我感觉自己几乎要被甩出去了。我从睡梦中惊醒，本能地紧紧抓着床壁，一身冷汗。侧过头，透过舷窗望出去，能看见甲板上低舷的一侧浸在水花里飞速前行着。我只能苦笑着对自己说："好吧，姑娘，好歹你这也算海景房了。"

有种友情叫作一碗热汤泡面

换床之后，一连几天我都情绪低落。预计到达里约还有 5 天的时间，全船的人都等得心焦，每个值班下来都在计算剩下的航程缩短了多少。忽然之间，我感觉累得一塌糊涂，话都懒得说。不是我，好像所有人积累的疲惫都开始集体显现，船上变得很沉默。

早上 6 个小时的轮值，先是让我们组的几个船员一起打扫甲板，用手拿着海绵一点一点地刷洗甲板，接着 10 点钟轮到我掌舵——此时正是太阳最毒辣的时候。之后，前甲板开始换帆，升球帆，降下顶风行驶使用的大前帆和小前帆。人手不够，我就一直站在舵上，直到别人都吃完了午饭，另外一个值班的舵手才过来换我。我足足僵站了 2 个半小时，又累又烦，心情糟透了。我本想趁着午睡前一小会儿的自由时间整理一下这几天拍摄的素材，结果发现所有拍的东西都不满意，内心更加抓狂了。

我想，这会儿要是在家，应该是国庆长假了，想吃螃蟹吃螃蟹，想吃烧鸡吃烧鸡，想什么时候睡觉就什么时候睡觉。可我中午这一顿折腾，现在总共也就能睡 3 个小时，起来又是逃不掉的值班。

傍晚时分，我被叫起来。我一边摸着救生衣准备上甲板，一边满怀期待地瞄了一眼厨房。乔恩和理查德今天当“妈咪”煮饭，我远远地扫了一眼大锅，心里就开始嘶吼着发飙——又是意大利斜管面！又吃斜管面！又吃斜管面！不到一个月，我已经把我这辈子的斜管面都吃够了。你们就算把意面换个形状也好啊！两头尖尖，中间空空的意面配上番茄酱罐头的浇头，我一看到，胃里就不停地泛酸水。

我意兴阑珊地爬上甲板，心灰意冷地接过段文菲手中的球缭。不一会儿，甲板上开始一个一个地递晚餐，我刚想说：“饶了我，求你们把我的斜管面分了吧。”谁知传到我和文菲这里时却换了个样儿，居然是两份泡面，里面加了鸡蛋，还有和其他人一样的牛肉馅。这是同为华裔的乔恩知道我和文菲不习惯西方的饮食，特意给我们做的。我和文菲感动得眼泪都要掉下来了，捧着这碗珍贵的泡面，熟悉的咸滋滋的家乡味道安慰了我们的整个身心。要知道，准备额外的饭菜是给“妈咪”增添的工作量，几乎不会有人去做这种事情。我把汤面吃了个底朝天，内心感动极了，跑过去给了乔恩一个大大的拥抱。我告诉他，这是自出发一个月以来我吃过的最好吃的一顿饭，没有之一。

在我最疲惫灰暗的一天，乔恩的一碗热汤泡面让我从此愿意为这样的队友赴汤蹈火。

初遇“期末大考”

眼看离里约越来越近了，时间却好像越来越慢。到达里约明明就在触手可及的两三天后，可这最后的几百海里却让人感觉异常漫长。天天不停地跑，却好像怎么也跑不完，像吊在驴子眼前甜美的胡萝卜——不管它怎么跑，瞪眼、踢腿、张嘴、伸舌头，就是咬不到……

原来，这一切都是因为我还没有经过“期末大考”。

从酣睡中被叫醒，该轮到我们组上甲板值 22 点到凌晨 2 点的班了。这一班是所有值班中最难熬的，午夜时分，人的身体最困乏，这晚又偏偏乌云满天，连半点儿星光也没有，伸手不见五指。20 多节的风呜呜地哀号着，中号球帆鼓得满满的，拖着船身暴走斜行。

船以十一二节的速度飞驰着，甲板上颠簸得很，我们挂了安全索把自己和船拴在一起。黑暗中，大家摸索着，半爬半走。这种航行条件，值班长只会选择最信任的舵手轮流掌舵。我们左舷班的值班长凯斯让我第一个接替右舷班的舵手去掌舵。一上手，我心里就咯噔了一下，那舵沉得跟磨盘似的，今晚恐怕要大折腾一番了。

航行对地航向 235 度，罗盘航向 260 度。风浪太大了，保持航向非常不容易。角度一高，整个船就像被风吸住了一样，球帆迎风面马上就塌下去了，我用尽力气把舵向下风处打了大半圈才勉强扳

风浪中飘摇
图片来源：克利伯官方

回来，接着又要赶紧回舵，不然船头马上就会大角度地往下风处掉，球帆不仅一样会塌掉，还会因为再次返回迎风面而鼓起，产生的巨大力量会拖曳着一元硬币直径那么粗的球帆缭绳狂暴地抽在主帆和横杆上，发出咣当咣当的声音。我全部的注意力都在罗盘左摇右摆的指针上。船跑得飞快，30 多吨重的船在这暴风中像利刃一样顶着风浪切开水面航行，船舷两侧不断掀起巨大的水花。我们组的第二个舵手过来替换我的时候，我因为两臂持续紧张用力，导致整个后背的肌肉都酸痛得要命，甚至连脚也麻得失去了知觉。

然而，不出我所料，这一晚的折腾才只是个开始。

风力越来越大，船速从我掌舵时候的 14~16 节开始往 20 节攀升。两个小时之后，人高马大的值班长上阵掌舵也只是疲于应付。

“Vicky，去帮我把船长叫起来，我快要控制不住这条船了。”凯斯低声地对我说。

我连滚带爬地从甲板上穿过，下了舷梯，经过船员寝室来到导航室旁的船长床位上。我的手刚一碰到他，他就像弹簧一样跳了起来。（估计球缭甩在甲板上啷啷的声响让他早有心理准备了。）我简短地和他汇报了一下航行的情况，他二话没说，套上航海服就跟我上了甲板。

“角度太小，球帆撑不住了。降球帆，升 2 号大前帆！”船长吼道。

之后的两个半小时，我们组的几个人就借助着微弱的光线开始行动。由于风浪太大，单单是走动都已经很困难，更不用说要升起几百斤重的大船帆了。几个字的命令操作起来谈——何——容——易！

船长掌着舵，我和凯斯带了几个船员上了前甲板。船首挂帆艰难异常，船头在水中时上时下，固定自己都极其困难。倾斜的甲板上，我们仅凭着人力扯着几百斤重的船帆送到船头，再摸黑把帆上的铜扣一个一个挂靠在前支索上。就这一步，平时 5 分钟就能完成的工作，我们在这黑夜的甲板上足足花了半个多小时。这和在风和日丽的条件下换帆简直是天壤之别！

我们一直干到另外的班组起床上来给我们搭把手，两组人合力才算把命令执行完。

下值时，我已经累得筋疲力尽，从手腕和脖子处灌进去不少海水，我的内衣都湿透了。我挣扎着换了衣服爬上床，头发还是湿漉漉的。床头的玩偶熊猫欢欢关切地看着我，我摸摸它的头说："这次期末考试还真是厉害呢……"

蜷缩进温暖的睡袋里，我想，这次总算及格了吧。

然后，只一秒，我就昏睡了过去。

里约里约

说来也奇怪，熬过了"期末大考"之后，我们好像一晃就到达了里约。从欧洲到南美洲，南北穿越大西洋，30 天的海上生活让陆地成了魂牵梦绕的圣土。遥远地看见里约热内卢的山岚时，我们激

基督山

图片来源：潘平

动极了，无数硕大奇特的海鸟在近海的海域上空盘旋——它们的翅膀大大地张开，脚细细长长，并在一起。不知道为什么，我突然想到了《阿飞正传》里提到的：这世上有一种鸟，没有脚，只能一直飞，累了就睡在风里。这种鸟一辈子只能在陆地上停留一次，就是在它死去的时候……

我们渐渐地看到港口了，这时，克利伯的工作人员出来迎接我们。做了落地说明之后，他们上了一箱冰镇啤酒，大家相互拥抱着说"well done"（干得好）。

我坐在船舷上，扯开啤酒罐拉环。想起一路上的风雨洗礼，一口啤酒下肚，竟觉得犹如生命之水般甘甜。

第二天，新华社的帆哥带着我和第二赛段的中国船员李元去游览基督山。远远地看过去，就是在很多电影里见过的那个张开双臂俯瞰人间的圣像——Christ the Redeemer（基督像）。

他张开双臂在最高的山峰上等候着。

像圣父对待每一只羔羊。是教徒或者不是，都没关系，那个宽容的怀抱是所有人类对救赎的向往。

他并非牺牲在十字架上，而是永恒地站在那里，以拥抱的姿势对所有的生命说："我爱你。"

我的眼睛不能控制地湿润了。

"I love you too（我也爱你）!"我也张开双臂，心里默默地说。

我在基督山下的慈善商店里买了一条小小的圣像项链，托李元回国的时候带给我妈妈。后来李元告诉我，妈妈很喜欢。

第二章

大西洋的启示

晚上 10 点，大海狂暴异常，船体大角度倾斜，右舷边几乎一直是泡在水里的。主帆已经连缩了两节，剩下的手绢大小的一块帆居然可以继续拖着 70 英尺的船暴走斜行。风速在 25 节到 30 节间持续变换，船顶风行驶，浪又极大。这时，任何动作都非常艰难，一个浪过来，从船头能打到 20 多米后船尾的人。这种夜班，你只希望一坐到底，不要有任何动作，坚持到换班。越是这样，时间过得越慢，泛着荧光的浮游生物不断被船侧的浪花掀起，继而被野蛮地甩出去。我也没了欣赏的闲情逸致，只盼时间可以早些过去，胃里也开始被这疯狂的韵律搞得极不舒服。

午夜时，不知是谁说了一声："好美的星空！"我一抬头，原来我们已经驶出了云区。今夜没有月亮，星星格外明亮，有一条白雾一样的缎带横跨天际。仔细看，才发现这不是雾，而是无数发出遥远光芒的星星。半晌我才反应过来，这是银河啊！对很多人来说，银河只是一个存在于文章中虚幻的词汇。星星都难以看见，何况银河？然而，它确确实实存在于我们头顶之上的苍穹中。浩瀚的星海，上亿千米之外炽热燃烧的太阳，如此明亮的世界，让我如何能够相信，人类在宇宙中是孤独的？

桅杆上的星空
图片来源：王波

被煮熟的龙虾

从里约出发到南非的开普敦，如果你在地图上将这两点之间连一条直线，并沿着这条直线走船，你只会远远地落在所有船的后面。

原因有两个：第一，地球是有弧度的类球体，它表面上两点之间最短的距离并非展开平面地图上的直线连接，而是两点所在地球圆周上的弧度距离，航海术语叫作“great circle route”，也就是大圆航线；第二，里约和开普敦的直线距离之间有一股不规则的南大西洋高压区，而在纬度更高的南纬 40 度左右则有三股不连续的低压区。高压意味着晴朗无风的好天气，这对航行来说毫无用处，变幻莫测的低压才是硬核水手们追求的强风下的狂奔。所以虽然海图上的目标在正东，但我们从出发以来并不急着东行，而是一直以罗盘航向 120 度南下。

甲板上湿得一塌糊涂，浪花不时从高侧的一舷打上来，把值班的船员打成了落汤鸡。强风吹起浪花上的飞沫，哪里都湿得不行。随着纬度的增高，气温也开始下降，空气越来越冷。

掌舵的时候，一个接一个的浪劈头盖脸地打过来，我只能扭头躲避。我两手扶着舵轮，脸湿答答的，连擦一把的工夫也空不出来。海水在脸上慢慢被风吹干了，下值的时候一抹脸，全是细细的盐粒。我从防水袋里掏出了压箱底的重型航海服，不得不请它出场了。这件衣服又厚又重，放在地上，它自己都能站起来。我最里面穿着速干保暖服，外面是抓绒衫、背带裤、防水袜，之后费尽力气地在摇晃的船舱里把自己塞进重型航海服，戴上雷锋帽，穿上航海靴，最后套上救生衣。挂上安全索之后，我的气都快喘不过来了，一切触觉都模糊了。我左摇右摆地横着爬上甲板，挥舞着两个“爪子”，感觉自己活像只被煮熟了的龙虾。

不只是我，所有人套上重型航海服都是行动困难、气喘吁吁的样子——一船红彤彤刚出锅的“麻辣龙虾”左右挥舞着大螯，咔嚓、咔嚓嚓。

风速持续在 25 节到 30 节，顶风行驶，浪又极大，从里约出港开始就有船员陆续开吐。我平时适应能力算是很好的，这次也觉得胃里被搅得一团难受。今天我值“妈咪”班，在大风浪里和厨房搏斗。这种天，连烧水泡一杯茶都极其困难，何况我还要挣扎着给十几个人做饭。我和劳伦斯两个人做一会儿，喘息一会儿，连开个罐头都要费九牛二虎之力。我做饭做到一半觉得自己快要吐了，而劳伦斯已经抢先一步跑到厕所干呕起来。我努力平复了一下呼吸，赶紧穿了救生衣上甲板透一会儿气。甲板上也好不到哪里去，山一样的大浪频繁地打上甲板，值班的船员全都湿得像被一大桶水浇过一样。原本活蹦乱跳的李元在甲板上虚弱地抱着桶不撒手，她已经连续吐三天了。

甲板上湿得一塌糊涂
图片来源：王波

我不知道这种情况下究竟哪样会更遭罪——在甲板下当“妈咪”恶心得翻江倒海，还是在甲板上被大浪浇个透彻，抑或先翻江倒海再被浇个透彻？

那些在舱底睡觉的下值船员也好不到哪儿去，船不停地颠簸，伴随着巨大的噪声，让人难以入睡。尤其是上铺的船员，他们把床边的帘布系得牢牢的，但还是担心自己睡到一半被晃下去。海水从各个细小的缝隙渗进来，舷窗的边缘、甲板的边缘、头顶转动的绞盘齿轮边缘……滴滴答答，防不胜防。所有的东西都是半湿的，连睡袋也是。湿得让人心烦意乱，恨得人牙根儿都痒痒，可一点儿招儿都没有——和大海怄气简直就是出拳打棉花垛，还是省省力气吧！这条船上根本找不到安全岛。

命运是一道道选择题

我们环球航行比赛的得分是按照完成每段比赛的先后顺序决定的。比如，我们总共有 12 个船队参加比赛，那么第一个到达终点的船队就积 12 分，第二名 11 分，第三名 10 分，依次类推，最后一名积 1 分。在这个基础上，为了增加比赛的趣味性，组委会还设置了两个可以额外加分的彩蛋——得分门（scoring gate）和速度赛（ocean sprint）。

得分门是由竞赛组委会设定的两个 GPS 坐标点，这两个坐标点之间虚拟的连线就形成了一个得分门。第一个通过得分门的船队会

弹精竭虑的船长

图片来源：布雷恩 · 卡林

得到额外的 3 分，第二个船队得 2 分，第三个船队得 1 分，第三名之后的船队不得分。

考虑到从里约到南非之间的南大西洋高压的影响，大部分船队都会选择先南下再北上前往开普敦。我们从比赛开始之后一鼓作气跑在队伍的前方，但是越跑越觉得这次得分门的设置比较诡异——路线在南，得分门却在北。我们正前方只有一个“牙买加号”，再向北一点儿，得分门的 2 分几乎唾手可得。可是，一旦脱离了大部队，撞上高气压的外缘，搞不好葬送整场比赛也是有可能的。

大部队已经开始放角度南下，加洛夫船长在导航室里揪了几个小时的头发，眼看着时间嘀嘀嗒嗒地过去，依然无法下定决心南下，还是北上再坚持一下。

冲，还是不冲，这是一个问题。

冲吧，一不小心遭遇高气压的外缘，会错过南下最好的时机而影响最后到岸的名次；不冲吧，眼看我们在队伍的最前头，得分门的加分几乎是唾手可得，这个诱惑实在太大了。说真的，这个时候对在后面的船队来说反而简单一些，他们不必经受这种必须做出选择的折磨，一门心思向南就好了。

加洛夫无法独自承担这份压力，于是在午餐例会的时候把这个问题抛给了大家：

"鱼和熊掌不可兼得，这是我们本段比赛命运的十字路口，大家说说吧，怎么选？"

好家伙，简直就是一场轮盘赌。

甲板上，大家嚼着意大利斜管面，面面相觑，但都觉得好像没什么太大关系。

"既然我们离得分门只有一天多的时间，那就先冲吧，把分数拿到手再说。"有人说。此话一出，没主意的大伙儿纷纷表示应和。我也不知道怎么选，如果说连船长都没主意，我这点儿知识又能给出什么建议？还是随大溜吧。

"好吧，既然大家都这么说，"加洛夫船长说，"冲！"

30多个小时之后，"青岛号"在"牙买加号"之后以第二名通过得分门，获得 2 分。

然而，最令人担心的事情也发生了。

在我们冲过得分门的同时，大部队已经在我们南方 300 多海里之外，借助低气压强烈的气流鼓着球帆高歌猛进。我们错过了南下最好的时机，现在再掉头南下势必会落在所有人的后面。我们骑虎难下，只能继续东行，沿着高气压的外缘前进，希望能借助地理距离上的优势在靠近开普敦的时候再次回到队伍中。

我突然意识到，原来做任何决定都是要承担后果的。

人云亦云，未必靠谱不说，我还放弃了独立思考的权利。

现在，我们越跑越慢，从原本的一路狂奔变成有气无力的前进。

努力振作，积极一点儿，大概唯一值得欣慰的就是我们终于从湿冷的阴霾中解脱出来，在晴朗的好天气下把自己晒干了。船舱底下的生活也不再那么极致地倾斜，甚至在甲板上值班的时候也能听见彼此说些什么了。

路遇桃花源

从里约出来，一路航行寂寞，除了和我们一样冲了得分门的“牙买加号”，连半条商船或者渔船的影子都没见到过。每天除了海水还是海水，孤单得很。中午，我听见甲板上有激动兴奋的声音，赶紧把头探上来一看，哇！右舷船首方向冷不丁冒出来一座上千米高的美丽火山——火山是青蓝色的，山顶尚有残雪，顶峰埋在白色的云雾之中，在青蓝色海水的映衬下，简直美得无可比拟。我心中顿时对它肃然起敬起来，它简直就是《山海经》里讲过的西王母的海上仙山嘛。

“这岛上是有人住的，”船长说，“据 2002 年统计，岛上有 315

世外仙山特里斯坦－达库尼亚岛

名岛民。”他这会儿听起来简直就像一名资深导游。

“哇，真不愧是船长，连这都知道！”大家发出由衷的赞叹。

“就是这本航行指南，”他扬了扬手中的书，“都在里面。”

这么远离人烟的地方居然还有人住？要知道，我们现在几乎位于南大西洋的中央，前不着村后不着店，离最近的大陆都要七八天的航程，住在这里简直就是与世隔绝啊！

我接过那本航行指南，饶有兴味地读了起来。这个休眠的火山小岛名叫特里斯坦－达库尼亚岛（Tristan da Cunha），岛上的居民原本是1816年上岸的一群英国士兵，以及后来由于海难留在岛上的水手。岛上居民只有七八个姓氏，他们过着与世隔绝（GPS上显示，这里距离南非大陆有1497海里的距离）、自给自足的生活。甚至说整个岛就像一个大家庭也不过分，如果岛上有新人结婚，所有岛民就会自发地一起动手给他们建造一栋房子用于居住。岛上没有犯罪行为，警局里的看守室甚至没有锁，唯一的过客不过是偶尔喝醉的岛民，在警局里睡到天亮，酒醒后自行离开就是了。

我想起了中学课本的《桃花源记》：“晋太元中，武陵人捕鱼为业。缘溪行，忘路之远近。忽逢桃花林，夹岸数百步，中无杂树，芳草鲜美，落英缤纷。”

我抱着熊猫欢欢走上甲板，看着这片远离尘世的桃花源。我开始情不自禁地想象，生活在这样一个远离尘世的地方，人们在过着怎样一种鸡犬相闻、夜不闭户的淳朴生活。在这个小岛之外的世界里，出新款手机了，纽约股市崩盘了，哥斯拉重现江湖了，人类登上火星了，对他们来说又有什么关系？他们找到了一个被时间遗忘的角落，一个很多人梦想过的桃花源。

我们一路经过不同的国度，见到了各种各样的文化、命运和信仰。

从某种意义上来说，我们的船也是一座移动的岛。在这个 70 英尺长的世界里，我们也一样在试图证明自己的价值，寻找信仰，寻找爱。

我们的船从小岛旁边缓缓经过，慢慢领略它美好的形状，然后继续向前，不再回头。远远地，我看见岛上聚集在一起的小小房屋——我们离它最近的时候不过十几海里，然后从此擦肩而过。我的心中感慨万千，或许这辈子再也见不到它们了。

冲上前甲板的女生

几天前对方向的决定现在开始渐渐显示出影响了。每隔 6 个小时，我们就会收到一次其他船队的位置更新，上面不仅标明了各个船队离目的地的距离，还会显示出船与船相互之间的距离。我已经没有勇气再去电脑上查看了，接连几天，“青岛号”都是进程排名中的最后一名，并且和其他船队之间的距离一直在拉大。我们和“牙买加号”处在整个船队的北方，受到高气压外缘的影响，行进速度很慢，而在南方的大部队借助着低气压飞一般地狂奔。船长悔得肠子都青了，从领先到垫底，仅仅是一个选择的距离。我能看到他在

换帆是个纯体力活
图片来源：王波

强打精神和船员们开玩笑，但是自己一钻进导航室就垮下脸来。事已至此，除了强打精神，真的没什么更好的办法了，只能希望老天帮忙，让我们避开眼前的高气压中心，在接近南非的时候顺利回到大部队，不要落后太远。

上值下值，我们的每一天都在值班轮换中滚滚向前。海上生活之单调，除了睡觉，几乎没有私人时间。没有 Wi-Fi（无线保真），没有浏览器，没有手机信号，我们像回到了原始时代。风浪大的时候，连下值后看几页电子书也是奢望。船上最靠谱的休闲娱乐活动就是做梦，在梦中观看和体验各种没头没脑的惊险片、文艺片、荒诞片、爱情片和动作片。不知道是因为海浪频率特殊，还是因为我每次都会在做梦的时候被叫醒，我的梦总是记得格外清晰，并且和现实充满了千丝万缕的关联。比如，刚刚我的梦里不知是谁请客去吃超级自助餐，我正在各个餐台之间流连忘返，好不容易选了满满一盘子，结果还没开吃就被叫醒了，之后只能独自在甲板上惆怅。

这一程，我和李元被分在了不同的班组，看来船长是真的有意把船上的两个中国船员分到不同的班组。这样一来，虽然在一条船上，但是我们很难相互照应，最多就是在午餐时说上几句话，一起分点儿咸菜、辣酱罢了。李元这个小姑娘虽然瘦弱，但是干活肯卖力，和组里的成员也相处得很好。这让大家对我们两个中国女生刮目相看。

女孩子可不是只能当花瓶，这次的克利伯“瑞士号”上有一位女船长，她的英文名字和我一样，也叫 Vicky。我想着，自己就算是冲着这个名字也得争气，作为全程船员，好好学习，好好表现，有朝一日也当个值班长感受感受。

我就这么随便想了想，两趟值班已经过去了。开始变天了，风力呼呼一路暴涨，一下子就成了 20 多节的顶头风。大浪一个接一个地从船头打来，船长从舱口探了个头说：“降小前帆，降 1 号大前帆，升 2 号大前帆。”值班长罗伯一听见命令就开始焦虑：“这么大活动量的几个动作，我们组少了去做‘妈咪’的船员，人手就更不够用了。”值班长点名小乔治、安德里亚、吉米几个人之后就没有壮劳力可用了。“我和你们一起去前甲板。”我说。罗伯感激地拍了拍我的肩，我们就开始向湿漉漉的船头移动，才走到一半就已经被接连不断拍上甲板的大浪打了个里外湿透。船在海里上上下下地颠簸，我们在前甲板摸爬滚打，一点一点地把几百斤重的小前帆降下来，费尽力气移到一边；再把 2 号大前帆从船舱的天窗拖出来，一点一点地挂上前支索；再把 1 号大前帆拖到后甲板；再上前去升起 2 号大前帆。大家全部挂着安全索以保证不会落水。大浪打过来，人连站都站不起来，跌跌撞撞，半爬半跪，从黄昏忙到天黑，我们几乎用了一个半小时才完成了平时只要二三十分钟就能完成的换帆。

浑身湿透的我下值回到甲板下面，已经比平时晚了几乎一个小时。值班长罗伯对我这个敢在风浪中上前甲板的中国女生又多了几分肯定，我一时间也觉得自己特别像个爷们儿。虽然累得筋疲力尽，但是心底却隐隐骄傲，甚至连晚餐时要求“妈咪”们再给添一碗饭的时候也理直气壮了许多。

回头无岸

天是灰沉沉的，映得海水也仿佛灰乎乎的，失去了平日里蔚蓝

阴沉到让人抑郁的灰色海天

透彻的灵性，倒好像大扫除之后的拖地水，脏兮兮的。已经连续两天没有见过太阳了，我的心情也是一落千丈，特别是想到我们遥遥无期的靠岸时间，每个人都抑郁得内出血。

今天已经传来了“大不列颠号”到岸的消息，很快，大部分船队也会在几个小时之内相继到达，而我们的船离目的地还有 200 多海里。越是心急如焚，风速越是降不下来。明明陆地就在我们触手可及的前方，但是无论怎样都到达不了。失望和焦躁的情绪在船上蔓延开来。

穿越大洋的比赛，路线的选择很大程度上决定胜败。这次的得分门是一个充满诱惑的陷阱，即使是第一个冲过得分门的“牙买加号”这会儿也落得个倒数第三，而我们就是明摆着的倒数第一啦！大家付出的努力并不比其他船上的人少，可是却落到最后一名靠岸，让人心里怎么服气？只能自我安慰，愿赌服输。

为了不耽误后续的比赛，组委会应该很快就要做出决定让“青岛号”认可第十二名的成绩，然后开动发动机结束比赛了——我倚在船舷上，双手抄着口袋，疲惫不堪地想着。这几天，为了能缩短到港之后船上工作的时间，甲板上下都忙个不停。所有人一边开船，一边清洁和保养船只，上值的时候几乎一刻也不得闲，一贴床，几秒钟就能沉睡过去。

我的生理周期也快到了，整个人变得异常沉重，一点儿精神也没有。事已至此，应该不会更糟糕了吧？

不，熊猫欢欢落水了！

几年之后，我读了吸引力法则，才知道那个时候我问了一个非常傻的问题。

越是想“不会更糟糕了吧？”，事情就会变得更加糟糕。

可惜，那个时候的我对此一无所知。

原来，只要不断地想，底线总是可以一再被突破的。

中午，风来了，是时候换球帆了。大概是平时大家拿我逗乐逗惯了，又或者为了让大家笑一笑，振奋精神，船长把我从家里带来的熊猫欢欢绑在了球帆升帆索上，升球帆的时候我们把欢欢和球帆一起升到了空中。

“熊猫看海啰！”

甲板上嘻嘻哈哈笑成一团。我当时已经钻进睡袋准备睡下了，突然听见当值“妈咪”凯斯进来叫我出去看熊猫上桅杆。我觉得又好气又好笑，急急忙忙爬出来把衣服穿好，套上救生衣。从梯子上甲板才上了一半，就听到一片惊呼：“糟糕！欢欢落水了！”“不要……”我三步并作两步上了甲板，熊猫欢欢已经变成了海面上的一个小点。我跑到船尾，眼见欢欢越漂越远却无能为力，心里一片失落，难过极了。

我急得大力挥舞手臂：“欢欢再见！欢欢再见！”

除了不断重复这几个字，我再也说不出什么来。

甲板上一片尴尬，船长一脸愧疚的表情，很小声地跟我说对不起，还说到岸之后再给我买一只。

我强打起精神对他笑笑说：“没事儿，我知道你不是有意的。”然后我就下了甲板，回到了床上。

我的熊猫不在了。

对不起，欢欢，我本来想带你环球来着，可能你每天陪我吃辣酱都吃够了吧？也好，还是自己先漂回中国边吃涮火锅边等我吧。你可厉害啦！你是熊猫中的战斗猫，勇敢地横穿大西洋两次，帅呆了！回去好好等着我！好啦，晚安，我要睡觉啦！

我努力让自己睡觉，可是越努力就越想哭。

想念陆地

“妈妈，你今天都干什么了？啊，还出去买菜了呀，真厉害！杨叔叔给你做了什么好吃的？三菜一汤？你的伙食比我好太多了呀！我们船上今天又吃意大利斜管面，哈哈，你说，就算是把意面换个形状也好啊……你好好的啊，我们一两天就能到岸了，到了就和你视频啊。再见！”

每隔七八天会轮到我值一次“妈咪”班，我会在三餐忙碌准备的间隙给妈妈打个卫星电话，10 块钱一分钟，我通常打 50 块钱的，只报喜不报忧。挂上电话，我努力提起来的气势一下子就沉了下去。

我很想念妈妈，想念那些无限包容我的朋友们，想念陆地。

不知道 Alpha Pirates 的伙伴们聚在一起又在倒腾什么好玩的事情呢？还有给我折了好多纸鹤的小姐妹冰冰、打着补营养的名义成天带我去吃烤鱼的彩霞姐、帮我跑这跑那印刷衣服标签的张大哥……我翻看着出发前大家为我送行的照片，那么多灿烂的笑脸，让我一看到就忍不住微笑。

欢欢的离开，让我一下子少了一个亲密的旅伴，我莫名地感觉孤单了许多。或许对我来说，欢欢就像婴儿的安抚奶嘴，现在奶嘴没了，我只能像个大人一样装模作样地成熟起来。

上帝的餐桌

等靠岸等得我望眼欲穿，这份等待既漫长又煎熬。经历几番折磨和推迟，以至真正靠岸的时候，我们都没有了该有的兴奋劲儿。我们是最后一个到岸的船队，这下算是彻底颜面扫地了，前一赛段的风光不再。我原本想象着在另外 11 个船队的注目礼下靠岸会是怎样一种难堪的场景，可现实是，我们的船刚一驶进避风港，远远地就听到了一阵阵掌声和欢呼声。我们每经过一条停泊的克利伯赛船，船上的船员就会停下手里的工作，纷纷拥到船头鼓掌欢呼迎接我们到岸，丝毫也没有把我们看成失败者的样子。

这真的是既尴尬又温暖——我忍不住笑着想。

11 个船队夹岸喝彩和欢迎，到岸之后，又是克利伯官方的欢迎和拥抱——一箱冰镇啤酒送上甲板，大家相互拥抱着说“well done”。

终于到岸了！踩上踏实的土地，一种久别重逢的感觉袭上心头。

有商店，有酒吧，有热水澡，有温暖的大床。所谓陆地，就是一刻千金。

被称为“上帝的餐桌”的巨大的桌山（Table Mountain），作为世界新七大自然奇观之一，能够完全颠覆你以往所见过的任何山峰的印象——整个山顶是平的，远远望去真的像是一张巨大无比的天然餐桌。

广场上，当地的年轻人载歌载舞，他们的脸上是令人陶醉的笑容。随着非洲鼓欢快雀跃的节奏舒展着肢体，无论男孩还是女孩，无论是胖是瘦，他们都舞动得洒脱而热情，迸发出来自大地的热情和无限活力。这音乐让我想起人类原本来自这片神奇的非洲大地，时至今日，即使我们在这个星球的各个角落生长、繁衍，但回到非洲，也依然像回到了我们共同的灵魂故土一样，那种浩瀚磅礴的感召力和亲切感迅速将我们融化。我一下子就爱上了这片原始的土地。

海上三个月，母猪变貂蝉

对我们这些浪迹天涯的水手来说，水上的每一天都像活在灾难片或者文艺片里，好几个月才能到岸释放一次，无论是肾上腺素还是激素都积攒到了无处安放的境地。以至有人说："海上三个月，母猪变貂蝉。"在这里，感情像是被提纯过的烈酒，厚得像油，稠得像蜜，一口喝下去，能把你的心直接炸开。海风撩拨着水手们的片片春心——船一进港，在船上憋了30多天的男男女女便重回人间，蜂拥至异国码头的淋浴房。

再也没有什么比一个痛痛快快的热水澡更能让人感觉犹如新生了。站在莲蓬头的下面，热水长久地抚慰着我们疲惫的身心。漂泊了一路的水手们感觉自己终于回到了人间。换上干净的衣服，陆地是如此真切与美好。

船长刮了胡子，小乔治抹上发蜡，彼得爸爸蹬上皮鞋……最夸张的是劳伦斯——他像弹簧一样从20多天的一蹶不振中雄起，理发，更衣，喷上古龙水，焕然一新，让所有人刮目相看……

“这家伙至少年轻了 20 岁吧……”

“这和咱们船上吐得活像僵尸的那个劳伦斯是同一个人吗？”

“这是他的孪生弟弟吧……”

劳伦斯毫不在意众人的嘲讽，他拍拍小腹说：“女士们，先生们，托晕船的福，纠缠了我十几年的小肚腩不见了！”他的牙齿整齐洁白，笑容魅力十足。

大家相互招呼着，分秒必争地挤进码头附近的酒吧。幸福的岸上时光开始了。

码头附近的酒吧里挤满了来自各条船上的水手们，人声鼎沸。不时有新来的水手惊喜地呼喊着彼此的名字，和周围的人熊抱、问好、贴面吻。虽然女士们也饱受了风雨的洗礼——粗糙不堪，晒得黝黑，皮肤缝隙里说不定还藏着盐粒子，但是物以稀为贵，她们把卷曲的头发往脑后随意一扎，略上淡妆，身上散发出淡淡的香波味道，毫不做作地大笑着，举手投足间也不知怎么就那么迷人。水手们一杯接一杯地给姑娘们买酒，“女士优先”是只有在陆地上才难得一见的美德。

没有航行过的人都以为水手之间的恋情更多发生在自己的船上，大家会同舟共济、朝夕相处、日久生情。但事实上，当你每天面对对方最不堪入目的状态，朝夕相处之后，浪漫的概率就小了很多。更何况，上船之前我们都签署了一份船员合同，里面明确规定禁止同船水手恋爱。

据说最早的合同里是没有这一条的。关于它的来历，还是颇有那么点儿“狗血”的。据说，有一年，一对夫妇结伴前来参加环球赛，丈夫和妻子被分在了同一条船上的不同值班组。也就是说，两人大部分时间都是一个睡觉、一个工作的状态。结果，丈夫和自己值班组里的一位女水手深深陷入情网，爱得死去活来，以至于他在船上就向他的妻子提出了离婚。这位妻子震惊之余羞愤交加。女水手是一个赛段船员，到岸后便离开了比赛，于是船上就剩下了一个失魂落魄的丈夫和每天都计划着怎么手刃亲夫的妻子。两个值班组的人都因此提心吊胆，紧张兮兮，生怕一不小心谁把谁扔进海里。这次比赛之后，克利伯的船员合同中就增加了一条规定——禁止同船水手恋爱。

孤独的旅行从来不缺八卦，至于这件事情我也只是道听途说，事件的真伪无从考证。但从旅行调味品的角度来看，它真不愧是一个好八卦。

吉米一下船就被远道而来的女朋友带走了，小乔治和“使命号”上的苏菲简直黏糊成了一个人，劳伦斯跟大家聊了几句话之后就像花蝴蝶一样消失在万花丛中了……

“这群重色轻友的家伙……”望着他们屁颠儿屁颠儿的背影，我心酸地挤了一句。

我站在角落里，摩挲着快要喝尽的葡萄酒杯，东方人内敛的社交风格让我只有在流水一样的作息中才能感到自在，一下子上岸就有点儿手足无措。我不太会聊天，也害怕别人知道这一点，就只好一脸认真地喝酒。

好在这次一到岸就赶上了万圣节，组委会举办了万圣节盛装派对，用心打扮的船员一队接一队现身，我简直笑得背过气去——“使命号”膀大腰圆的船长麦特化身性感热辣的夜总会女郎，把他壮硕的身体塞进一件浅蓝色的女士连体服中，还穿了渔网袜；“瑞士号”的美艳女船长 Vicky 化妆成吸血鬼，帅气无敌。我回头看看我们的船长——加洛夫，他还和往常一样，T 恤衫牛仔裤，闷头喝着朗姆可乐，好像周围的世界与他无关。

到岸的第一夜，所有人例行常规地喝了个七七八八，跳到灯火阑珊，然后有伴儿的找伴儿，没伴儿的找妈，各回各的住处去了。

深度清洁

闹钟猛然响起，我挣扎着爬起身，疲惫地看了一眼时间。一想到接下来 8 个小时高强度的深度清洁，我就头皮发麻。昨天晚上多喝了几杯，脑袋到现在还昏昏沉沉的，但深度清洁这个任务让我恨不得现在再来几杯。哎呀，生活离不开死亡和缴税，克利伯逃不开深度清洁！

我带着宿醉，头重脚轻地出了酒店，却找不到去往码头的路。奇怪，应该不太远的，大白天的路看起来怎么和昨天晚上的不太一样？我正在双岔路口疑惑的时候，突然看见马路对面一个穿着克利伯船员制服的华裔水手冲我招了招手，然后指了指右边的路。

真厉害，他怎么知道我正要问路呢？我一边想，一边三步并作两步地赶了过去。

“谢谢你啊……你讲中文吗？”我微笑着表示感激，看着他黑头发、黑眼睛的东方面孔，我试探性地用中文问他。

他摇摇头，笑着用英文说：“我不会讲中文，我叫丹，从小在澳洲长大。我虽然在澳大利亚的‘佳明号’上，却常常被认为是你们‘青岛号’上的船员。”

“这也难怪，连我都觉得你像中国人，那你就做个外援吧。”我笑着说。

我们边聊边走，很快就到了码头。虽然参加克利伯比赛的船员足有几百人，但是环球船员中只有我们两张亚洲人面孔，不知是因为同祖同源的关系，还是因为他的笑容让我想起《英雄本色》里的小马哥，总之，在去往码头的路上我们聊得非常愉快。不知不觉走到了泊船的地方，我们挥手告别，各自登船，开始一天让人头皮发麻的“深度清洁”。

所谓深度清洁，基本上相当于把整个船拆成片片，一点一点清洁消毒之后再拼回去，除了清洁之外还要修帆、保养绞盘、冲洗绳索、检查桅杆、采购补给。任务规模之大、工作量之多，需要全体船员长达八九个小时的连续作业才能完成。逃也逃不掉，我只能硬着头皮干起来——抬帆的抬帆，掀地板的掀地板，洗厨房的洗厨房。工作都是自愿分配的，果不其然，地板掀开之后，大家都自觉地对底舱清理躲得远远的，连视线都会不自觉地避开。因为底舱是所有

命运是一道道选择题
图片来源：江泳涛

浸入水最后汇集的地方，有的时候，机油和船上的脏东西也会漏进去，一个月海上漂泊下来，这是船上最脏的地方，以至于大家宁愿打扫厕所也不愿意清理底舱，你就可以想象这个工作有多不讨好了。众人把视线移开，我也赶紧拿了抹布认真专注地抹墙了。可恶！我已经连续打扫过三次底舱了，就算是换也该换别人去干这份苦差事了，我想着。没有志愿者，负责分配工作的彼得爸爸和利兹没辙，默默地下去开始擦拭。我偷瞄着他们，这是四个人的活，两个人怎么够呢？谁赶紧去把这个坑填了……十几分钟后，依然没有人去帮忙，我叹了口气，走过去加入了他们，下到底舱擦拭起来。

就这样，我们从早上一直干到接近日落，中间只停了十几分钟吃了点儿简单的饼干当午餐。整条船被洗得像新的一样，我们也累得人仰马翻。大部分的船员都离开了，只剩下彼得爸爸、我和另外几个人做收尾工作。虽然累得筋疲力尽，但是想着马上就可以解脱了，我也不由得向往起那一杯冒着泡的冰爽啤酒来。

消失了一天的船长不知道从哪里冒了出来。

“干得怎么样？”他一脸轻松地问彼得爸爸。

“已经完工了，绞盘保养和桅杆检查也都做完了。”彼得爸爸老实巴交地回答道。

长手长脚的船长一边四处转着，用手不停地到处摸着，又掀起一块地板瞪着刚刚清理完的底舱说：“天啊，照我看可还没完！”

天啊！我心中突然有种不好的预感。

“那底舱可是我们用了 4 个小时一点一点用手擦出来的。”利兹忍不住说了一句。

“你们怎么擦的我不管，可是还没有达到我要的标准，”他不知道从哪里拎出来一桶化学清洗液，不由分说哗啦哗啦地倒了进去，“先用板刷刷，再用清水清理出来。”

我一看，哼，这一下没有两三个小时怎么做得完？

“今天已经天黑了，明天你们回来返工吧。”

明明就是因为你自己成绩不好拿我们出气！那些拣了轻巧活的人反倒早打扫完成了没事儿人，我们几个干的本来就是最脏最累的活，你连句表扬的话都不说，还要我们牺牲本来就不多的休息日回来返工！

我恨得牙痒痒，肺都要气炸了；彼得爸爸和利兹也一脸愤懑。船长就像没看见一样，一阵风似的走了，留下我们各自疯狂内出血。

哪有这么不讲理的船长！一口老痰咽不下，一口老血吐不出，简直活生生要被他气死。

天色已晚，太阳一落，光线开始变得昏暗起来。

彼得爸爸说："算了，咱们不理他，先去喝一杯。"

我们几个在酒吧里疯狂地吐槽了一番，发泄心中的不爽。

"这已经不是第一次了，上次我在甲板上累得跟狗一样，加洛夫问我：'你累什么呀，不就是成天晃来晃去吗？'"

"啊？我还以为他只是这样说我呢，原来都一样！"

发完牢骚喝完酒，第二天我们还是照样爬起来满心委屈地去干活，又是一上午的时间。刚准备走，半死不活的劳伦斯带着一车采购的食物又到了，我们被堵在半截，不得不留下来帮忙，一直到所有的采购食物都清理且安放好了，原本应该休息的一天就这样过得差不多了。

我的船友们又招呼着大家去附近的酒吧喝酒，这些异国他乡的水手，一到了岸，几乎全泡在酒吧里。我望着他们如喝水般的长饮，自愧弗如。以往我都能很好地融入气氛，享受一下到岸的欢乐时光，但今晚，音乐越是喧嚣，我心里越是不断地渗出寂寞来，层层叠叠，将我从热闹中隔离。

回到酒店，我给妈妈打了一个视频电话。她看起来精神还不错，我振作起精神绘声绘色地给她讲航行路上的故事；她告诉我她这阵子恢复得很不错，每天都去遛弯儿、逛市场。她穿着出发前我给她买的那件白色羽绒背心，剪了短头发，看着身形似乎又比我上一次见她时消瘦了一些。

委屈、愧疚、寂寞和挫败感从四面八方蜂拥而至。

我究竟为了什么偏要来到这里?

合上电脑，房间里好空旷。

第三章

南大洋牌滚筒洗衣机

GARMI

一生一航路

图片来源：布雷恩·卡林

恍惚之中，巨浪打来，我们的船沉没在了水下。天空成了波光粼粼流动的海水，而我的身体缓慢地沉向幽暗无边的海底。我感到耳膜鼓胀，似乎隐隐听见人鱼的歌唱。

我看见往日一幕一幕的争执和伤害。

一觉醒来，脸上竟然挂满泪痕。

梦中清晰的痛苦和愤怒仍郁结在胸。我困惑了，这究竟是什么地方？我依旧沉浸在梦里，身体任由习惯带动摸索着一件件穿戴上行装，摸上甲板。外面是和梦境一样混沌的黑夜，浓雾稠得像墨汁，什么也看不见。我好像并没有真正地醒来。我们的船在几乎纯粹的黑暗中小心翼翼地缓慢行驶着，渐渐听到遥远的引航的汽笛。

嘟——

嘟——

嘟——

明明灭灭的灯光开始透过黑暗闪烁。

我们驶向了黑暗中的唯一的灯火和光明。

圣约翰斯到了。

我一路恍惚——那个抵达的梦境太过真实，在重重夜色的迷雾之中抵达完全计划之外的圣约翰斯，那虚幻缥缈的停靠和指引仿佛存在某种不可言说的意义。

命运女神给了我一个暧昧的暗示。

阿黛尔的那首 *Someone like you* 在甲板上响起来的时候，高飞会变得很沉默——他心上的女孩儿已经是别人的新娘；麦可和他的妻子很渴望有一个孩子，可十几年来用尽办法，他们依然未能如愿。

看着奔腾不息的海水，我想，原来我们都不完美。

也许船上的每个人都有他们告别陆地的原因，只是有时候他们会告诉你，有时候不会。

我们把自己放逐到天涯。

也许，只有置身事外，才能更好地看清楚自己本来的模样。

那一次大西洋的航行即将结束的时候，我偷偷地想，也许我应该走得更远，去环球。人生似乎有什么答案，它隐晦地显露了冰山一角给我——如果我跟着它走，说不定就能搞明白这一切。

凶险的狂风巨浪

几天来，我们的船在几层楼高的波峰浪谷之间爬上滑下。在浪尖，我可以轻松地俯瞰谷底海鸟的背影，然后船像发了疯似的顺着浪俯冲下去；从谷底往上看，背后的海浪像山一样高。就这样，循环往复。

下午 7 点，刚好轮到我掌舵，大家在我身边一起大声倒数着坐标，“青岛号”正式进入了南纬 40 度。

小时候，我曾经在书里读过一句话：“40 度之上没有法律，50 度之上没有上帝。”没想到有一天，我竟然真的踏入了这传说中的蛮荒之地。“The Roaring 40”（咆哮 40 度），英文中说，咆哮的西风带能让人闻风丧胆。

在南大洋，自古以来，狂风巨浪都是这片海域真正的统治者，从来没有任何人类的文明在这里留下印记，即使是最勇敢的水手也不过是心怀敬畏的匆匆过客。这里是整个环球比赛过程中最凶险的赛段，没有之一。除了南极洲和南美洲的一小部分，这里几乎没有陆地来阻隔风力，而且西风常年咆哮，别说人类的商船和飞机唯恐避之不及，就连海豚和鲸鱼也会远远地离开这片被世界遗忘的海域。这里是众神发泄怒气的修罗场，是水手们谈之色变的蛮荒地狱。

天空是灰蒙蒙的。气温在短短 12 个小时之内迅速下降了七八摄氏度，我即使又加了两层衣服，在甲板上也冷得不行。

“老天，连灵魂都要冻住了！”我一边哈气一边默默对自己说。

刚从甲板上下来，外面是两三米的浪。上一个值班，整整 4 个小时我们都在不停地升帆换帆。现在把 2 号大前帆通过球帆杆和主帆扯成蝴蝶帆（用球帆杆把大前帆撑在上风舷，把主帆撑在下风舷，使两个帆形成蝴蝶翅膀的形状）的方式前进。船速 15 节，颠簸，浑身湿透，前甲板晕船的队友上一秒还在低头忙活着换帆，下一秒就

又湿又冷，又冷又湿

图片来源：王波

一头伸出栏杆外开始吐，吐完了再回来接着干。旁边的人对这种情况司空见惯，连头都不回一下。大浪从头顶打过来，浇得救生衣都能自动充气打开了。

船长亲自在舵上站了3个多小时，掌舵压力很大。一方面是因为侧顺风航向，掌舵的安全角度本来就很有限，一不小心还会造成极具破坏性的顺风意外过帆；另一方面，汹涌的大浪一个连着一个无休止地打过来，试图颠覆舵手保持航向的一切努力。船长收起平时嘻嘻哈哈的状态，嘴巴抿成一条直线，眉头拧在一起。这样糟糕的天气，这样一船尚显稚嫩的船员，以及这样一片凶残无比的南大洋，白天已经紧张成这样，到了伸手不见五指的黑夜该怎么办？今天晚上他想必要睡得提心吊胆。

天一擦黑，我的预言果不其然地应验了。

狂风巨浪依然没有丝毫减弱的意思。狂风卷着六七米高的巨浪，掀起白色的飞沫，像下雨一样打在我们身上、脸上。不时一个大浪打来，整个人像游泳一样被冲走。不断有船员的救生衣在巨浪中自动充气打开。伸手不见五指的夜里，这样的浪打过去之后，值班长急忙清点人头，生怕有人被巨浪卷走了。

半夜 2 点，甲板上湿成一片，甲板下面也开始有大量海水从各种缝隙汇入底舱。我们组安排两个人不断地下舱去清理积水，几乎每个小时都能清理出五六桶水。我刚刚把舵交给老布雷恩，就赶紧下船舱帮助值班长彼得爸爸清理积水。我们打开底舱的地板，里面早已存了大半舱水，刚准备往上递第二桶水的时候，甲板上一个巨浪拍过来，水顺着舱口稀里哗啦地流了一舷梯。忽然，约莫有那么一两秒钟的时间，船忽然恢复了平衡，一切噪声都消失了，就像风暴眼中那震人心魄的刹那宁静——我的心提到了嗓子眼儿。紧接着，以迅雷不及掩耳之势传来嘭的一声巨响，整个船向完全相反的方向倾斜过去了。刚刚消失的风声、浪声瞬间回归，甚至变得更为巨大和杂乱，帆噼里啪啦地甩着不受控制的帆索，和甲板上的人声、海浪声混成一片。

糟糕，又意外过帆了！

我和彼得爸爸还没想好该怎么反应——甲板上都是惊呆了的小

伙伴。我们两个人因为下舱排水，已经把碍事的救生衣脱了，掀开了地板正在撸着袖子干活。这会儿彼得爸爸手里正提着半桶水站在舷梯上，上不能上，下不能下——他不能再把水倒回底舱，同时排水也没人接应了。

噌的一下，原本在睡觉的船长从寝室钻出来，噔噔噔地上了甲板。我和彼得爸爸赶紧套上救生衣上了甲板——硕大的球帆杆半吊着支棱在半空中，横杆上防止意外过帆的保险索断了，右舷的滑动后支索也断了。

甲板上，大家的脑子都变成“果冻”了，他们都僵在那里不知道该干什么。

“收紧主帆缭绳！”船长开始指挥，“中舱准备换舷，恢复原航向！彼得，你带几个人去前甲板把球帆杆降下来！罗伯，去把断掉的保险索重新接上！降前帆！”

船长像爆豆子一样发出一连串的命令，所有人在得到命令之后大脑才又恢复了运转，开始在甲板上摸爬滚打地执行任务。船终于渐渐恢复了受控的状态，我此时已经全然忘记了前不久还对加洛夫船长的满腹牢骚，只觉得幸亏有他在，我们一船人才有了指望和依靠，不论再怎么糟糕的境地，我们都一定会同舟共济撑过去。

下值之后，我身心疲惫地回到床铺上，浑身没有一处不酸痛。今天保险索已经先后断了三次，2 号大前帆的挂帆钩崩坏掉数个，主帆升帆索掉了皮，连前甲板的外舷栏杆都被巨浪打弯了好几根。我们上气不接下气地向东狂奔着，船的状况却在巨浪中变得越来越糟糕。

我们已经应付得筋疲力尽，但这只不过是起航后的第五天，情况只会越来越艰苦。

南大洋，你的凶残果然名不虚传。

撞墙自杀的芥末酱

早上起来，我们相继听说了其他船队的消息：“大不列颠号”上，手腕粗的A型架都被巨浪打弯了；“德里号”上几个船员被巨浪冲下甲板，其中一个人的胳膊当场断了，现在船队只能退赛返回开普敦。

我们的船队也好不到哪里去，船员相继晕船，继而生病。劳伦斯就不用说了，本来他就特别容易晕，这下更是吐得七荤八素；甚至凯斯、小乔治、利兹博士、弗兰奇、布雷恩大叔这些主力水手也先后病倒。全船一共8个环球船员，这一下就倒下了6个。新来的赛段船员更不用说，干着干着就吐上了。我们完全看不到蓝天，二三十节的风没完没了地吹，船上船下没完没了地湿。

我虽然还在坚持着上值，但是真心觉得干够了。每次值班我都是筋疲力尽，而短短几个小时的休息又根本恢复不过来。我强忍着恶心穿上湿答答的航海服，别提有多难受。一上甲板，我的体能就开始不断流失，浑身酸痛，甲板下面颠簸得甚至连杯热水都没法喝。

一天，两天，三天……十几天，天天如此。

没好脸色的南大洋
图片来源：王波

如果我不是天蝎座，肯定早就放弃了。我强忍着头疼，又一次爬上甲板。

今天又有两个船员病倒了不能上值，我甚至都羡慕起这些生病的家伙了。

“我也病了，彼得爸爸，我甚至连站着都能睡着了。”我哭丧着脸对彼得说。

“姑娘啊，你还是死心吧！船上已经没有多余的床位啦。再说，再少一个，咱们组连换个帆都人手不够了。”

责任当前，我撒娇也只是过个嘴瘾，只能继续咬牙挺着。

卡罗兰今天当“妈咪”班，在厨房里做饭。船实在是太颠了，各种瓶瓶罐罐不断从橱柜里跳出来砸向她的脑袋。我再次看见她的时候，她干脆把我们爬桅杆时戴的头盔戴在了脑袋上做饭。厨房成了重灾区，各种调料时不时随着颠簸的大浪从壁橱里跳出来。今天撞墙自杀的有一瓶几乎全新的芥末酱，陪葬的还有半瓶我心爱的“老干妈”。

生活虽然已经很艰难了，可看到卡罗兰那一脸无奈的表情，还有她头上的那个头盔，我还是忍不住歇斯底里地大笑起来。

不计代价地狂奔

从前一天晚上开始，甲板上面简直如同地狱，航行经过低气压的中心，1 个小时之内气压下降了 3 巴[①]，相对风速 30 节，阵风能达到接近 40 节。除了风就是雨，大浪像水山一样扑过来，简直就像哗啦啦的游泳一样湿，船的各个地方都是水。水温也在短短 2 天内从 20 摄氏度下降到 8 摄氏度，天气越来越冷。值班的船员下来，靴子里都能倒出水来，个个都冷得僵掉。我暗自庆幸，从昨晚 2 点开始是我脱离甲板轮值系统的“妈咪”班——即使是在昏暗的底舱做面包，甲板上的巨大声响也听得我心惊胆战，这个 70 英尺长的“世界”就像战壕一样筛糠似的颤动。这种时候，别人撑不撑得住我管不了，重要的是，这条船无论如何一定要撑住！

① 气压计量单位，1 巴（bar）= 0.1 兆帕（Mpa）。——编者注

海况这样不靠谱，甲板上不靠谱的事情就更多了。船员各种小的失误都会像滚雪球一样演变成大麻烦。先是因为在上一次收 2 号球帆的时候，船员没有按照程序绑好，这次放帆的时候就出了问题，球帆升了一半就不得不迫降下来，结果降的时候落了水，球帆又被刮在船头扯破了。每一场值班下来都是一场身心折磨，特别是值班长——本身他就对这种大风浪没有多少经验，还要带着更没经验的船员一起面对这险恶的风浪，可谓“压力山大”。另外一个值班组的值班长罗伯每一班下来都像是脱了层皮。

现在，“青岛号”在船队仍处于第一名的位置，但是这个情况随时都有可能改变。每一次器材的损毁都让我们揪心不已。只能祈祷其他船也和我们差不多——在南大洋滔天的风暴中一路坏着，一路修着，一路狂奔着。

这一程和我一起值“妈咪”班的是安迪，他只参加第三赛段。他是一位典型的英国小个子男士，30 多岁，是家里两个儿子的偶像。工薪阶层的他，家境不是很富裕，但妻子非常理解并且支持他的航海梦，用家里的存款给他报名参加了这个赛段的比赛。当得知我是接受全程赞助来参加比赛的时候，他羡慕极了。我想，这正是人生有趣的地方——有人为之赴汤蹈火，有人唯恐避之不及；汝之蜜糖，彼之砒霜。

安迪和我都是干活利索的人，他一边煮饭一边随手就清理了厨房，我们两个人配合相当默契。在这种大风浪的天气条件下，值“妈咪”班能有个频率相似的好同伴是一种莫大的幸福。

值完一天的“妈咪”班已经是晚上了。在颠簸狭小的厨房做饭洗刷了一整天，我累得要命。本来想可以好好享受“妈咪”班的特权，踏踏实实地睡上一整晚的。可不知道为什么，我心里很不踏实，躺在床上就是睡不着，我开始没来由地担心起妈妈来。上次和她通卫星电话已经是一个星期之前的事情了，这个赛段的风浪这么大，连厨房里供船员使用的卫星电话也摔坏了，所以一直没能和她说上一句话。我渴望得到她的消息，知道她还安好将是风浪中对我最大的慰藉。明天是我的生日，船长特批我可以使用他在导航室的卫星电话，我期待极了。

黑暗的休息舱，四周是下值的船员们酣睡的均匀呼吸声，隔着头顶上厚厚的甲板，那些巨浪隆隆的声响真实又遥远。我在床铺上又纠结了许久，实在睡不着，于是干脆小心翼翼地爬下来，摸索着穿上保暖服去了起居舱，在沙龙昏暗的红色灯光下泡了一杯茶暖暖心。

看着袅袅上升的热气，我想，明天的生日要在低气压的肆虐下度过了。

我正想着明天“妈咪”们在这种天气下还会不会按照“传统”给我烤个蛋糕，突然，甲板上就出了大状况……

史上最虐心的生日（上）

帆船航行的时候，为了保持船只的稳定，风力越小，使用的船帆面积越大；风力越大，使用船帆的面积就越小。简单举两个例子就容易理解了，比如在风小的条件下，我们就得使用最大号的帆来尽量捕捉和使用风的能量；可是在风暴中，风的能量实在是太大了，这时如果我们还是使用大号帆，必然会造成下风的一侧船舷被强风压倒入水，船只会严重倾斜，造成器材过劳损毁，甚至有船只倾覆的潜在危险，所以必须及时更换成小号帆。

船上除了主帆还有 10 套帆，分别是大前帆三套——1 号（面积最大）、2 号（面积中等）、3 号（面积最小）；小前帆一套（挂在主帆和大前帆之间）；在顺风时使用的三套球帆，也是 1 号最大、3 号最小；用于微风情况下极为轻薄的觅风帆一套；以及在极少数风暴情况下才会使用的风暴前帆和风暴主帆各一套。主帆虽然不能更换，但可以通过三级层层缩进来调节受风面积。

行船的过程就是不断根据风力情况使用相应的船帆，根据风向调整航行角度或者更换船帆类型的过程。

在狂风巨浪的肆虐下，在站都站不稳的前甲板上，仅凭人力去更换几百斤的船帆，是最艰难也是最危险的工作。

伸手不见五指的半夜 2 点。

我正在沙龙里写着我的航海日记，就听见船长下令将 2 号大前帆更换成更小的 3 号帆。我们必定是在不断地靠近低气压的内层了。在风力不断攀升的情况下，这原本也在意料之内。不一会儿，我便听见甲板上值班的班组开始摸着黑折腾——在这种大风浪里，船员们肯定是一路爬着去前甲板的。

我一边在沙龙里码字，一边听着甲板上的动静，忽然就感觉不对头了——降 2 号大前帆失控的时间也未免太久了！缭绳噼里啪啦地打着甲板，甲板上人的呼喊声也开始嘈杂起来，有人大喊："快去叫船长上来，2 号帆出问题了，降不下来了！"

这时，只听见有人噔噔噔地往下跑，船长噔噔噔地往上跑，又有人噔噔噔地下来把熟睡中的所有船员喊醒："All hands on deck! All hands on deck!"（"全员上甲板！"）

2 号帆被狂风吹得缠在了小前支索上，在众人的惊恐声中嘶啦一声，巨大的风力居然把几百斤的一面帆从中间活生生地撕成了两半。

我生日的这一天，注定让所有人难忘。

史上最虐心的生日（下）

我们的班组人员都睡得蒙蒙眬眬的，一被喊起来，大家就立刻意识到了事态的严重性。

那几个最精壮的劳力二话不说，迅速穿戴好上了前甲板，七八个人在狭小的船头一边跟着浪头上上下下，一边奋力揪住破损的大前帆，用尽全身的力气努力往下拽。那面大前帆本来已经被撕成了两半，在狂风中更是失了控地啪啪乱抖。漆黑一团的甲板，把海天搅得一片模糊的风暴，几乎失控的船，嘶吼的船长，筋疲力尽的船员，颤动的支索，疯狂扭动的大前帆……我的大脑忽然出现了片刻的抽离——也许下一秒，我们就将永远失去对一切的控制。

折腾了近一个小时，船头的人才终于摸着黑把剩下的大前帆降了下来，换上3号大前帆的船终于渐渐恢复了稳定的方向。警报解除。我脱下湿淋淋的航海服，跟着下值的班组回去赶紧眯了一会儿。一睁眼，就又轮到我们班组上值了。

真风[①]时速45节，阵风60节，浪高六七米。

这种在狂风中的掌舵简直就像重金属交响乐，让大家的肾上腺素喷薄而出，兴奋和肝颤同时撞击着我们的小心脏。

大浪一个接一个地过来，舵手们聚精会神地盯住船头，我双手掌着舵，带着30多吨重的船在波峰浪谷之间滑行，一会儿爬上巨浪，一会儿又从浪尖上呼啸着滑下来。船身像刀子一样在水面上切开，船舷两侧是飞溅起的水花。大家不停地为不断攀升的船速欢呼着，我的心里也充满了壮志凌云般的豪情。

直到意外突然发生。

我已经掌舵接近一个小时了，体力渐渐不支。想到马上要和妈妈通话，走神之间，忽然一个巨浪从旁边打过来，不由分说把船推偏离了航向接近30度。等我反应过来赶紧把全身的力气都压在舵轮上时，已经来不及了，我眼睁睁地看着整条船向下风向一路偏过去，哐当一声，整个巨大的帆杆挣脱安全绳的束缚，从一舷甩到另

---

① 真风是指海面上实际的风向。航行中的船舶所观测到的风向（视风）一般比实际的风向有所偏高。——编者注

一舷！

我让船意外过帆了。

我那颗热切的心瞬间变得拔凉拔凉的。

而且，这次还不只是意外过帆这么简单。

控制主帆的缭绳崩断了！失去控制的帆杆和整面主帆被风推出了船体，在40多节的大风中失控、颤抖。

一船人都惊呆了。

我的大脑一片空白，这是什么情况？

长手长脚的船长噌的一下跳上甲板。

“不会开就别开！”他一上甲板就吼起来。

“现在怎么办？”他气恼地看着我，离凌晨的事件过去还没半天又出事故，他整个人都不好了。

我难过得一句话都说不出来。

他盯着船看了半天，甲板上人人噤若寒蝉。狂风甩着主帆哗啦哗啦响，断掉的半截主帆缭绳挂在风中飞舞，前面依旧是一个接一个连绵不绝的水山。

甲板上就这样死一样地沉寂了近十分钟。

然后，加洛夫谁也不用，他一个人跑到帆杆和桅杆交接处，把保险索取下来缠在主绞盘上。他张开的双臂有力地在绞盘上大幅度地挥舞，稀里哗啦一阵之后，失控的帆杆被一点一点拉回船的中舱。幸好断掉的主帆缭绳只是从末端断了一截，剩下的大部分还好用，他就又把缭绳穿回主帆的滑轮，打上单套结固定，又折腾了半天，

难以忘怀的生日

把保险索和主帆缭绳的绞盘交换了一下，一切才终于回归正常。

他没有表情，也没和任何人说一句话，大家用眼神默默地跟随着他。他的长手长脚干净利索，没有一个多余的动作。毫无疑问，他很清楚自己在干什么。我再一次为之前在深度清洁时对他的诋毁而感到愧疚。

做完了这一切，他指了指断掉的主帆缭绳头对我说："你，把它缝补好。"

我的眼泪立刻就掉下来了，控制不住地哭了起来。

我觉得自己再也不配和任何人说话了。

他歪头笑着看我哭，然后伸出一只胳膊搂了一下我，说："好了，反正不是你也会是别人。"

大家哈哈笑起来，一个接一个地过来抱我："咱们又不是第一次出事故了，哭什么！"

"你依然是咱们组最好的舵手之一。"

每个人都跑过来抱我，揉我的头，轻轻拍打我的后背安慰我。

下了甲板，当天值"妈咪"班的卡罗兰和安德鲁果然为我烤了一个蛋糕！那个本应是长方形的蛋糕黑乎乎、歪歪扭扭的，上面还撒了花生碎。在这种狂风巨浪的天气里，他们挣扎着做一顿饭都不容易，我想象不出他们是怎样在东倒西歪的厨房烤出一个蛋糕的。

我望着黑乎乎的蛋糕，听大家一起给我唱《生日快乐》歌，我一边切蛋糕，一边说"谢谢大家"。我突然感觉愧疚极了，眼泪又稀里哗啦地掉下来。

终于和妈妈通上卫星电话的时候，她告诉我，她在家里也买了一个蛋糕，还替我吹了蜡烛，许了愿望。

"妈妈，我很好，一切都好……"

隔着嘈杂的电流噪声和不时拍上天窗的海浪，我努力让自己听清楚她在千里之外的牵挂。

她说："孩子，不论发生什么，你都要坚强。"

在摇晃的导航室里，握着话筒，我的眼泪又汹涌而出了。

她好像什么都知道一样。

意外过帆事件发生之后，我就对开船打怵了。

掌舵原是我引以为荣的一项工作，现在我连看舵轮一眼的勇气都没有。

值班长喊到我的名字的时候，我恨不得把自己缩到角落里。

“Vicky，你愿意来掌一下舵吗？”值班长罗伯当着所有人点我的名。

“我……我开得不好……”我的声音简直要低到船底。

“怎么不好？你是个好舵手！”眼睛有着两种颜色的查理笑着拍拍我的后背说。

“去吧，我和罗伯就在你旁边。”彼得爸爸说。

“别废话，上舵！”罗伯的语气不容我再推辞。

我小心翼翼地把手搭在舵轮上，全神贯注地在船头一上一下。

我从来没有像那时那刻般感受到信任的重量，也从来没有如此深刻地体会到舵手的责任。

我的呼吸随着海浪起伏，我的感知随着风在延伸。

放下虚荣，放下内疚，放下自己，深深呼吸，融入这条船。

我被海风推搡，被浪花刷洗，褪去虚荣，变得透明。

我渐渐感到了前所未有的沉稳。

师者父母心

在经历了那场被命名为“Vicky 生日”的低气压的洗礼之后，我们驶入了高气压的外缘。风力开始减弱到十几节，天空也露出久违的晴朗。在阴风苦雨中折磨了几天的我们感觉就像到了天堂——湿了一个星期的航海服终于可以在甲板上晾干；一个值班下来，我们身上也是干爽的；船舱变得平稳了很多；连生活的压力都降低了，甚至在颠簸时消失的各种帽子、手套、袜子、头灯也开始在各种不可思议的地方现身。大家又恢复了甲板上的说说笑笑，每个人都由衷地感激好天气。

在这个 70 英尺长的世界里，快乐的理由变得如此简单。

一片晴空、一碗热汤泡面、一封邮件、一句赞赏，都是无价之宝。

好天气持续了两天，这是我们在南大洋里难得的喘息。

这几天，船上挂着球帆，我在掌舵之余还被值班长指定辅助新船员掌舵，像这样几个小时地值班下来，我忙得连下甲板去趟厕所都嫌麻烦。

总的来说，指导工作不是体力活，而是心力活。

迎风船最好开，船体倾斜角度基本固定，也不容易出大失误，是最放心让新手学习的机会。

横风船横移角度比较大，要懂得及时回舵，略有挑战，适合进阶阶段的水手。

而顺风放着球帆或者扯着蝴蝶帆的船是最难把握的，船身会左摇右摆。掌舵的船员对船和海浪要非常敏感，提前做出反应，而且力道和角度都要恰当，否则不是一下子被吸到上风去，就是角度突然跑过了，发生意外过帆，极容易出现危险。我自从有了上一次惊心动魄的经历之后都会格外小心，更不用说指导没什么经验的新兵了。他们开船时，我比他们还紧张，总是担心他们意外过帆，活像皇帝身边的老太监，有时候甚至担心自己会不会太唠叨了，招人讨厌。再想想，船长看我们开船的时候不也是一样吗？他肯定是一面担心得要死，一面又不得不撒手让我们自己去试错。我忍不住多唠叨两句，又怕自己说多了，真是一颗操碎了的姨母心。

我唯有把开船的经验讲述得更诗意一些，少一些命令般的生硬口吻。

“开球帆顺风船就好像同女朋友谈情说爱，把舵的手势要温柔，聆听它微小的情绪变化。你要全神贯注，洞悉一切，感受巨大的海浪从后方涌来——深呼吸，小心翼翼地推它滑翔上浪尖，它洁白的船帆占满整个天际，仿佛要与你开进头顶那无边的星空……”

这下好了，他们连看我的眼神都变得奇怪起来……

水手的迷信

说起来，你承认也好，不承认也罢，很多水手都是一群比老太婆还要迷信的人。当然，如果你也置身于荒蛮的自然，叫天天不应，叫地地不灵，一些偶然事件、几场风暴、夜色中古怪的鸟叫声和古老应景的传说很快就会培养出各种“宁可信其有”的迷信。

比如，不能在燃烧的蜡烛上点烟，因为每次这样做的时候就会有一个无辜的水手死去。（后来我特意在网上搜了一下这个迷信的起因。原来，早期的水手大都过着很穷苦的生活，到了天气寒冷的冬天，他们不能出海，只能在家做些加工火柴之类的工作增补收入。所以，如果有人在蜡烛上点烟，水手就会少卖很多火柴，有的人可能会因此吃不上饭，陷入困境。）又比如，不能在船上吹口哨，因为这样会招来风暴；不能在船上说“兔子”这个词，因为这样会招致船漏水；如果不小心说了过于自满的话，就要赶紧摸摸木头驱除厄运（比如你说：“我可是从来不会晕船的人。”哦，老天，你要赶紧找块木头摸一摸保平安）。

有一次，我在船上学了一个开头是 j、结尾是 x 的四字新词，这个单词在中文里可以理解成“厄运”之类的意思。麦乐妮问我今天学了什么，我就说：“j× ×x。”她的脸色一下子就不好了，喃喃地说，这个词最好不要说，千万不要说…… 我愣了一下。几个小时之后，风暴滚滚而来，吓得我们屁滚尿流。时至今日，我都不敢再把这个词完整地说一遍。

你信也好，说我危言耸听也罢，反正这些打破禁忌的代价太大了，我是不会轻易尝试的。

大海里的生活实在是多一事不如少一事，平平安安最好。所以，我们不仅不会去轻易尝试打破约定俗成的禁忌，甚至每个人会不断地创造新的迷信。

白天6个小时一班，晚上4个小时一班，雷打不动。这样不停轮回的作息时间让你觉得自己像只小仓鼠，被滚滚向前的轮子赶着，只能永不停歇地向前跑。所以，下值的时间异常珍贵，一头扎进窄窄的床铺里，直接就可以进入沉睡状态，直到被叫醒。

但是，我偶尔也会睡到一半醒来，那种时候，我绝不敢轻易下床。第一次我忽然睡到一半醒来，我们意外过帆损失了球帆杆；第二次忽然半路醒来，就赶上了我生日那天的那场浩劫；第三次，我吸取了前两次的教训，乖乖地在床上躺着，结果什么也没发生。

从此以后，在船上我也有了自己的新迷信——绝对不可以在睡到一半时起床。

隐身的“青岛号”

每天中午，按常规是我们的例会时间。因为两个组的人轮流值班睡觉，只有中午12点到下午1点钟是一天中唯一两个值班组的人都清醒的时间段。大家共进午餐，顺便也会讨论一下其他船上传来的八卦新闻和战略战术。

可今天的话题异常沉重，船长做了形势介绍之后，一时间没有人说话了，连空气都凝重了很多——我们接连两个星期保持的第一名位置被“航海爵士号”取代了。不仅如此，现在连荷兰的“拉赫兰顿号”和“大不列颠号”也跑到我们前面了。之前整整两周，优势真是一海里一海里攒出来的，而现在一下子落后 200 多海里，从第一名掉到第四名却只是两三天的事。听到这些，我倒希望，前几天如果没有在高气压下过得那么舒坦就好了。低气压虽然遭罪，但是现在看到之前的优势荡然无存，我心里反而更加难过。

航海是一个充满太多可能性的游戏，有时更像是船长对前路风力情况的一场豪赌。大家现在寄希望于船长的秘密战术。

晚上 8 点，“青岛号”进入“隐身”状态。正常情况下，所有船队的位置、速度、航向都会显示在其他邻近船队的 AIS（自动身份识别系统）上。但是在比赛过程中，每个队每个赛段都会有一次为期 12 小时的隐身机会，隐身的船队需要提前 6 个小时向组委会提出申请。在隐身之后的 12 个小时，你的一切航行信息就会从其他船队的 AIS 上消失。除了竞赛组委会，没有人知道你的位置信息。这项战术最重要的一点在于，可以向竞争对手隐藏自己所选择路线的情况。比如，“青岛号”在经过非洲西海岸群岛的时候就采取了隐身战术。因为群岛的情况很复杂，是从岛外穿过还是从岛内穿过是一个重要的战术决定。究竟是来自外海干净清晰的气流强劲，还是群岛中间由于特殊的海峡地形而形成的气流强劲？如果船长不想让别人知道自己的分析，也不给其他船队分析自己风力和船速的机会，这时就是利用隐身战术的最佳时机。

在我看来，这次利用隐身战术可能并不会带来什么实质性的改变。虽然航海就是一场“大家都来猜猜看”的气象游戏，可是猜谜技术毕竟有高下。比如，“航海爵士号”的船长艾瑞克曾经是一位气象学专家，从比赛开始就一路赢。每次进港前，“航海爵士号”的支索上都挂满了第一名的小黄旗，这让其他队艳羡不已。艾瑞克对航线的判断能力是超群的，即使是最后一个起航，他也能在几天后把大多数人甩到十几海里之外。本着“跟着第一名跑就可以当第二名”

朋友亦对手

图片来源：布雷恩·卡林

的原则，起航前加洛夫还半开玩笑地说，我们这次的战术就是紧紧跟着“航海爵士号”跑。可是谁知道偏偏我们这次一起航运气就特别好，一直跑在第一名的位置，直接造成后期我们无法借鉴其他船队的航行信息，只能自己一路蒙。几天后，跟在我们后面的“航海爵士号”开始踏上不同的路线，以“大不列颠号”为首的其他船队紧跟着艾瑞克的船队调整航向，我们只能一咬牙一闭眼，一条路走到天黑。

现在，天终于黑了。

果然，虽然隐身战术让我们追回了几十海里，可还是远远不够。

离终点澳大利亚西海岸的艾伯尼还有500海里，“期末考试”的大魔咒又开始了，只不过这一次不是狂风巨浪下的体力考验，而是巨大心理压力的碾轧。

我值的是上午6点到12点的班，从接班开始，主帆带着球帆跑着离风60~70度的航行角度。风力不断提升，掌舵的难度也不断攀升，新船员只能靠边站。舵很沉，不只是手臂，我几乎要把全身的力气都压上来才能控制球帆。一个小时的船开下来，我贴身的衣服都被汗浸透了。

控制球帆需要舵手很多注意力。因为担心意外过帆，角度和航向要把握得很准。舵手会一直处于高度的精神紧张状态，一刻也不得松懈。

中午快换值的时候，凯斯正在舵上，忽然一个巨大的浪从船侧打过来，把船打得一下子往上风偏了过去。球帆迅速地吃风，紧接着，球帆升帆索在巨大的压力下嘭的一声崩断了，整个球帆立马就在我们眼前坠落入海。另一个组的船员正好上来接班，大家赶紧一起冲到前甲板去救船帆，两个组的人费了好大一番力气才把沾了水的球帆从海里捞上来。

我们组的人下了甲板，把刚从水里拖上来的球帆绑好，塞进帆袋，又从前舱递上去。结果屋漏偏逢连夜雨，因为球帆收得太匆忙，线绳绑得不够紧，帆肚子又太大，左舷组的人升球帆刚升到一半就被风鼓开了。这可真是一波未平一波又起。巨大的球帆一旦提早吃了风，就会变得有如千斤重，无论如何也升不到桅杆顶，我们只能又是一番折腾，降帆下舱，再重新绑球帆。第三次，我们总算把帆升到桅杆顶了。一来一回，一个失误导致一连串的失误，等问题全部解决完，三个小时都过去了。船长已经愤怒了，眉头皱成“八”字，我几乎能听见他内心的咆哮：“我的战术计划做得再好也没用。靠着猪一样的队友什么时候才能追上对手？”

晚上 6 点，我再次上甲板接班的时候，船上只有一面孤零零的主帆，船速也只有七八节。我从来没见过这样的船，光秃秃的。我们希望的航向是 075 度，风从背后吹过来，最好的方式应该是用球帆杆撑起 2 号或者 3 号大前帆做蝴蝶帆前进，但是球帆杆在本程第一次意外换舷的时候就报废了，连主桅杆上的滑轨都变形了，现在能用的就只有这面主帆了。

艾伯尼在 075 度的航线上，我们本来能够以 40 度角、10 节的船速带球帆左右换舷曲折向前的，不过现在看来，我们已经不配再用球帆了。

加洛夫什么都没说，可光秃秃的船支棱在那里简直就是大写的“失望”。没有人说话，这一次，甚至连爆米花也没有。

我们几乎无地自容了。

我的这颗心简直要活生生地被煎熬成渣渣。

我的这颗心，

简直要活生生地，

被煎熬成，

渣渣！

靠岸恐惧症

内心的煎熬被往来的海浪不断冲刷，熬到连脾气也没有了的时候，我们终于靠了岸。

马达轰隆隆地响着，开往码头。我表面上镇定自若，按部就班地收拾上岸的行李，心里却怕得要命。没有人知道，每次到岸之前我都会暗暗恐慌。我的情绪复杂地交织着终于到岸的喜悦和登上陆地的不安。我要先找个酒店住下来，再望着天花板想想，没了值班系统的几天要怎么度过。我仿佛不知道如何再次踏入人类社会了。

艾伯尼是澳大利亚西海岸一个名不见经传的小城市，之所以说它小，是因为整个城市只有一条商业街、一个大超市和几家餐馆。我们气势不凡的十几条船一到岸就立马成了轰动当地的大新闻。志愿者一早就跑到码头来给靠港的船队送上早餐，酒吧里的每个当地人都会热情又好奇地聚上前来询问船员们航行的故事。这个宁静、远离人烟的小城美丽又温柔，正是一个疲惫水手期待的港湾。

“青岛号”以第四名的成绩到达了艾伯尼，远远地望着垂涎已久的领奖台，加洛夫依旧面无表情，一副无论怎样都无所谓的样子。颁奖典礼之后才是水手们的传统项目——不醉不归。

说真的，我由衷地佩服西方船员的酒量和滔滔不绝的聊天能力。

澳大利亚的酒水确实不便宜（即使英国船员也抱怨这里的花销完胜伦敦）。好在酒喝得越多，花钱越没感觉，大家一个个拿着信用卡在空中瞎划拉着，不停地给这个买酒、给那个买酒。身在异乡的水手，现在和几百年前并没多少不同——每次到岸，大家就像白捡了条命，深深地认识到，钱是身外之物，尽情享受当下才是人生的意义所在。

异乡的水手在酒吧里大肆挥霍着酒精和激素。

又见到“佳明号”的丹时，我正在和船上几个亲近的船友一边灌着黑啤，一边争执所谓的“carpet muncher”到底是不是一种小狗。

“船长在每日一词的时候教过我的呀，它不就是一种喜欢咬地毯的小狗嘛！他说这是澳大利亚方言，如果我问一个澳大利亚人你家里有没有‘carpet muncher’，人家就会立刻明白我在说小狗啊……”我说。

“哈哈哈……你在网上搜索过了吗？”彼得爸爸笑得上气不接下气，眼泪都快出来了。

“哈哈哈，可千万……哈哈哈……别去搜索图片！”吉米拍着桌子笑抽了。

我粗大迟缓的神经似乎意识到了什么——又被没正经的船长耍了！

丹笑眯眯地看着我，端了杯酒过来和一脸茫然的我打招呼：“嘿，Vicky，这一程过得怎么样？”

“哎呀，我们全船损失惨重，意外过帆无数次，毁了球帆杆，2号大前帆在大风中被撕成两半，左舷护栏都没了。你们呢？”

“唉，我们也好不到哪里去，一路上事故无数、崩溃无数，好在安全到岸了。下一站就是悉尼了——我的家乡，等到了一定让我带你逛一逛。”

“那太棒了呀！等咱们到青岛的时候，我也带你逛逛！”

酒吧里人头攒动，新进门的朋友们不断和我们打招呼、拥抱，一段接一段地从头聊天。

“嘿，Vicky，这一程过得怎么样？”

……

炽热的酒精烧着我的脑子，我扭头瞄了一眼丹的侧影，心想：“哈哈，他就是说说而已吧？”

很多很多离别和很多很多成长

澳大利亚是一个充满离别的地方。

虽然我们船上也来了几个新水手——我在青岛的老朋友孙志凯前来接替了上海的王文韬。然而，高大威武的罗伯、总喜欢自言自语的麦乐妮、又热心又搞笑的意大利律师安德里亚都要在这里下船。下一个赛段，连和“青岛号”一起环绕了半个地球的贾斯廷和医生

落日熔金
图片来源：江泳涛

查理也要下船了。说真的，这些赛段队员和我们一起出发，一点儿也不比环球队员逊色。也许正是因为他们太优秀了，所以外面的世界更需要他们。一想到未来前路上少了这些有趣的同伴，留下来的人心里就充满了不舍。

到岸的第二天晚上，我们举办了一场欢送会，一向冷峻、不善流露感情的船长加洛夫竟然出人意料地准备了一份特殊的礼物——装在相框里的前帆挂帆钩！大家相互传看着这份特别的礼物，都忍不住啧啧称奇。

还记得我生日那天，那场把2号大前帆生生扯成两半的风暴吗？大前帆在风暴中缠在了前支索上，等大家筋疲力尽地把前帆降下来时却惊讶地发现，由于长时间和前支索剧烈地摩擦，纯铜做的挂帆钩的内缘竟然熔化了！

艾伯尼温暖舒适的小餐厅里，音乐轻快舒缓，可我们的记忆一时间又被拉回到噩梦般的风暴中。没什么能比这几个熔化的挂帆钩更能证明我们曾经一起经历了些什么。酒杯一个又一个地空下去，那天晚上，大家不断地回忆、拥抱和举杯。

我带着被称为“东方人谜之微笑”的表情，一杯接一杯地豪饮着。

我不知道，在那个晚上是不是只有我一个人坐在角落里感到彻头彻尾的悲伤。

不断地说再见，不断地挥别双手。

我从来没有像在艾伯尼一样感到孤独。

那一天，我突然意识到，同舟共济的船友也好，我的妈妈也好，青春年少也好，最终，一切都会随着时间的远走，不断地从我身上抽离。

没有谁能够陪你到最后。

人生这长长的一路，就是要不断学习如何好好告别。

从嗆啜着泪水，到举重若轻。

第四章

70 英尺长的世界

再入南大洋

图片来源：布雷恩·卡林

小时候，我看《动物世界》时，看到过这样一幕：

小狐狸长大了，老狐狸把它从自己的身边赶走。

小狐狸一步三回头，依依不舍。

“它的妈妈不爱它了吗？”我回头问妈妈。

“当然爱，”妈妈说，“只是有些爱，要长大后你才能明白。”

赐予我力量吧，豆腐干！

参加第四赛段的中国船员孙志凯是个非常能干的小伙子，大家亲切地称他“鲍伯”。他和我一样都来自青岛，在当地的道友帆厂做制帆的工作。他从艾伯尼加入“青岛号”，还没启程就已经变成了船上的“宝贝”——上一赛段，帆破成那样，他一来，立马就撑起了维修工作的“半壁江山”。这家伙修起帆来可是专业的，我们这边三个人吭哧吭哧折腾半天还不如他一个人干得快，我恨不得一边给他扇扇子一边给他擦擦汗，劳他顺手把我们的活也干了。志凯的维修工作出色不说，就连甲板工作也是极能撑门面的。即使是晕船反应最厉害的第一天，只要甲板上要换帆了，病恹恹的他也会像突然打了鸡血似的冲上前甲板。所以，虽然他英文还不太流利，却一点儿也不影响他赢得船长和所有船员的喜欢，我也为有这样的老朋友感到特有面子。

可是对我来说，他还有更特殊的“贡献”。

我们开船不久，他突然从行李箱里翻出来一只熊猫玩偶。

“对了，Vicky 姐，这只熊猫是你爸让我带给你的。”他说。

“啊？”

“他从你在网上的日记里知道你心爱的熊猫丢了，于是就拿着欢欢的照片到处找，好不容易在市场上找到一只相似的，又通过体育局找到了我，让我给你捎过来。还有，这一袋零食是你妈妈让我给你带过来的。”

我大吃一惊，赶紧给他一个大大的熊抱。

搂着失而复得的“欢欢”，我感到悲喜交加。我根本没有想到，一向粗枝大叶的爸爸连这样的事情都会挂在心上，而妈妈还惦记着托人从千里之外捎来我喜欢吃的零食。

我以前从来没有意识到被人无条件地爱着是这样一件奢侈的事情，直到我到了这个 70 英尺的“荒岛”上，要啥没啥，只能靠自己。平日姑且不论，当狂风巨浪来临的时候，每个人都自身难保，更不用说顾及他人的感受了。当愤怒、埋怨和挫败感像杂草一样丛生的时候，我才想起平时那些无条件爱着自己、原谅自己的人有多么珍贵。

我已经四个多月没有吃过有中国味道的东西了。凄风苦雨中，我从航海裤的大口袋里掏出一小袋豆腐干，拿出一片放进嘴里，来自中国的咸辣味道一下子把我的五脏六腑统统征服了。我像大口咀嚼了能量块的汽车人，躺在风雨肆虐的甲板上伸展四肢，咧开嘴，发出不能抑制的大笑——赐予我力量吧，豆腐干！

晕船的两重境界

出发后没多久，翻天覆地的迎风航行又开始了。甲板上下吐成一片，让人不忍直视。

高大威猛的罗伯离船之后，查理接替他做了我们组的值班长。意气风发的他本准备“新官上任三把火”，结果一开船他就被严重的晕船反应折磨得没了人形，吐到趴在床上起不来。已经是三段老船员的他尚且如此，更别提那些刚上船的新兵了。鲍伯也是连着三天粒米未进。

船长们都在用无线电相互诉苦，因为晕船，每条船都至少损失了 1/3 的兵力。

我和其他的幸存船员虽然也很难受，但好歹还能撑着。

晕船从来就不是件公平的事——有的人仿佛天生就没感觉，船抖得好比筛糠一样也能吃能睡；而有的人只要船体刚开始倾斜就已经吐到“销魂”。船长说，晕船有两重境界：

第一重境界是：你觉得自己快要死了；

第二重境界是：你希望自己已经死了。

那种生不如死的感觉你只能慢慢适应。一方面，面对“阵亡”边缘的兄弟们，我们感同身受；另一方面，我也暗地里摸摸木头，希望自己能够继续幸免于难。

“MTFU”

在海上，最不缺的东西就是折磨了。东方不亮西方亮，虽然我很幸运没有晕船，可从艾伯尼出来没多久，我的手指就报销了。

事发当时，我正在值“妈咪”班。外面滔天巨浪，船舱颠簸不已，我在厨房里努力削着土豆。一个浪头打来，我脚下一个踉跄，下一刻，削皮刀已经深深地插进了我的左手食指，只见指尖被削下去大半，指甲半连着，血流得到处都是。

这要是换了在家里，肯定会有一堆人惊慌失措，过来心疼体贴我。可现在在船上，就像在周星驰的电影里，受伤简直成了一种供人娱乐的事，我干脆死了矫情的心比较好。跟我一起当班的凯斯，一扭头看见我那流血不止的手指，冷笑着说：“姑娘，为了逃避洗碗，你这本钱下得有点儿大了吧？”

受过一些医务培训的利兹赶紧把急救箱找出来，手忙脚乱地找绷带。有人去报告了船长——他不来还好，来了更是嬉皮笑脸地来了劲儿。

“让我来！让我来！论包扎，我是最专业的！”我看着船长一脸的兴奋，就知道他肯定没安好心。果然，他把我从中国带来的筷子当成支架跟我的手指头包在了一起。拜托，我这又不是骨折……我这边疼得龇牙咧嘴，他们这帮没心没肺的家伙反倒拿我开心。

“嘿！嘿！我说，你们这帮人还有底线吗？你们的血管里淌的都是番茄汁吧？！”我一边哭笑不得地挣扎，一边大声嚷嚷着。

你看看，其实没一个人真心紧张，甚至包括我自己。

在船上就是这样，什么内伤、外伤、心灵创伤，这些大家都司空见惯了。包扎之余，谁也不忘相互调侃几句。

之前学开船的时候，看到有谁被帆杆打到满嘴是血，大家第一时间会哈哈大笑地问他：“怎么样？帆杆有没有事？”上个赛段的卡罗兰在一次换帆的时候扭伤了手臂，她一路吃着止痛药，等到岸之后去医院拍片子，才发现骨头已经断半个月了。我在船上混了大半年，不知不觉之间，发现自己真的变得越来越坚毅。

换句话说，就算你想撒娇也没人理，你在大海上，就算骨折了也只能挺着到岸。呻吟根本换不来同情，举重若轻才是正道。这条船是为强者准备的世界——每个人上船参赛之前，除了强制购买巨额的意外险，还要签署“免责合约”。急救药品中像吗啡这样的硬核极品款也是有的，甚至连裹尸袋这种终极产品也被贴心地备着。

查理看着我说：“你知道什么是‘MTFU’吗？”

“MTFU？”单纯的我一脸茫然。

“陆地上有句话叫‘Man up’（像条汉子一样），在我们这儿就叫‘Man the f**k up’！”

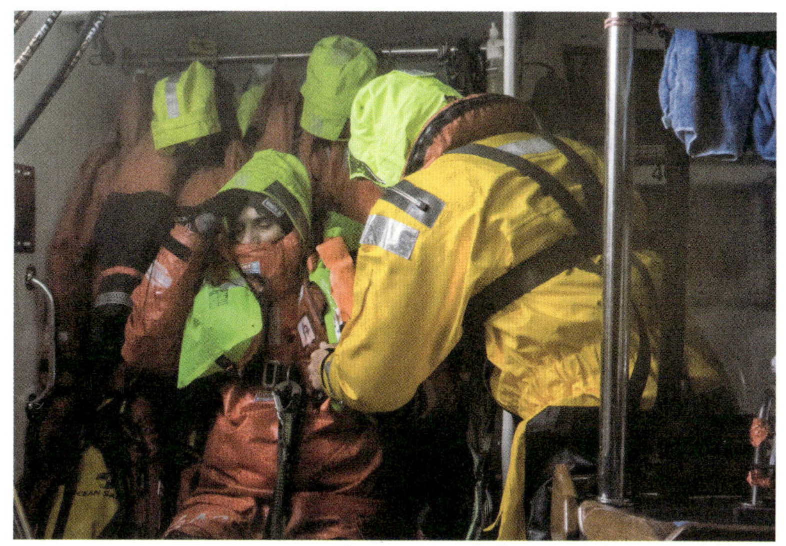

活着就是挑战

图片来源：王波

哈哈哈哈，我笑得眼泪都要出来了。

后来，每当我觉得自己快撑不住了的时候，脑海里就开始反复响起这气势汹汹的座右铭——

“Man the f**k up！”

“Man the f**k up！”

“Man the f**k up！”

手指受伤后，我在甲板上的工作变得十分困难，一不小心，那半截指甲盖儿就会被掀起来，才长上些又开始流血，钻心的疼痛，恼人极了。船上又总是湿得一塌糊涂，即使戴着手套，指头上的创可贴也总是黏糊糊的，伤口迟迟不能愈合，可又有什么办法呢？好在翘着个手指不影响开船，这大概也是我在船上最有价值的地方了，所以，大部分的时间我都被安排在舵上。

不开船的时候，我喜欢窝在舵手身后船尾的角落里，这里相对来说是整个甲板上最干燥的一块地方。我常常坐在这里望着船尾无尽奔腾的海浪出神，有时也会被船上的几个烟民打断——他们凑在这里抽烟，我也分一两口来抽，辛辣的烟味直冲大脑。我被尼古丁搞得晕晕乎乎的，一时间也和小乔治、吉米他们勾肩搭背、称兄道弟，成了莫逆之交，而他们从此也就更不把我当女孩子看了。

霍巴特的烟火

到达悉尼之后是一个很长时间的停靠。为了准备即将到来的劳力士悉尼 – 霍巴特帆船赛（以下简称“悉尼 – 霍巴特”比赛），所有的船都要从水里吊到岸上，进行全面彻底的检查。这一次，整个克利伯的船队都要加入盛大的悉尼 – 霍巴特比赛中，这次比赛也会作为克利伯帆船赛的一个迷你赛段，算入环球总成绩之中。

北有法斯特耐特，南有悉尼 – 霍巴特——这是全球两大经典海上赛事。

每年 12 月 26 日，所有船只从悉尼出发，一路沿澳大利亚的东海岸南下，经过南半球澳大利亚大陆和塔斯曼尼亚岛之间的一段海域。没有陆地的缓冲和阻挡，来自南大洋上的强劲海风从中横扫而过。这段航程素来以惊险和叵测著称于世。1998 年的比赛遭遇了气象预报之外的巨大风暴，起航的 115 条赛船中，最后只有 44 条到达终点——其中 5 条赛船沉没，6 名水手丧生，55 名水手被直升机援救上岸。

那次损伤巨大的海难换来了整个航海界对海上安全标准的重新审视，一系列的赛事安全举措也开始被严格地推行。这也是为什么获得参加悉尼－霍巴特比赛的竞赛资格如此不容易。且不说参赛的船队要先经历资格赛，赛船要符合一系列的国际标准，每条船至少还要有一半的船员完成澳大利亚船艇海上安全和海上求生课程，要有两名船员拥有高级急救证书，两名船员有海上无线电操作证书，每名船员在比赛中都要佩戴个人 AIS，等等。

圣诞节第二天的清晨，整个澳大利亚还洋溢着节日的气氛，各大媒体的采访车已经早早地到达了码头，四处架着摄像机，采访和直播一刻不停地进行着。上午 10 点，“青岛号”随着其他的克利伯 70 英尺赛船先后出港。

大大小小的帆船从 30 多英尺到 100 多英尺不等，它们扯着各式各样的帆，浩浩荡荡有 90 多条，出发前往起航线。一时间，直升机满天飞，场面壮观至极。考虑到众多船只之间会由于起航速度不同而发生碰撞，因此根据船的大小，光起航线就布了三条。最大的船从最外围的起航线起航，中等长度的船在中间的起航线起航，小号的船从最里面的起航线起航。

起航之前，所有船只都要依次经过起点船，大声报出自己船上的实际登船人数，并升起船上的风暴帆，证实自己已经按照组委会要求，将船体面积不小于 25% 的部分涂成了海上救援色——橘红色。事无巨细，每项要求都为安全考虑。

下午 1 点，比赛正式开始，“青岛号”被分到中间起航线，同线起航的还有克利伯其他 11 条 70 英尺帆船和两条 68 英尺帆船。

12 条克利伯帆船自英国出发以来，通常除了起航那天能见到其他船只，很快大家就在茫茫大海中四散了。大部分时间，只有我们自己的船孤独地在海上前行着，有时甚至在导航系统 AIS 上都找不到其他船只，因此我们常常会忘了自己还在比赛。而这次比赛和以往不同，近 100 条参赛船从出发之后，几乎一直都有船只在视线范围内。即使在漆黑的夜里，四周一盏盏红色的左舷灯、绿色的右舷灯，或者远些的白色桅灯也随时让你觉得如芒在背，时刻意识到自己身在一场如火如荼的航海竞赛之中。

航行进行了三天三夜，先是南下放开球帆的顺风航行，接着风力减弱到四五节，即使打开最轻最薄的觅风帆，也只有 2 节的船速，慢得让人心焦。经过澳大利亚大陆最南端的时候，塔斯曼海的考验又开始了，风力一路暴涨到 20 多节，阵风 35~40 节，风向也变成了正顶风。70 英尺的船在狂风中上下颠簸着暴走斜行，飞浪不断拍打着甲板，到处都是湿的。甲板下面倾斜得一塌糊涂，没有提前绑好的行李一股脑儿地从船舷高的一侧掉了出来。即使是从舱室到厕所这样简单的路，我也要手脚并用，抓住一切可抓的东西，时不时还会摔个脸啃墙。上床睡觉也不是件容易的事，风浪中，我要把自己

上了船都是爷们儿

固定在 50 厘米宽的床板上，整个身体忽而一阵失重，脱离床铺，悬在了半空，忽而又超重跌回床板上。

稀里哗啦，没完没了。我们就这样一路颠簸穿梭，借着东澳大利亚洋流向着塔斯曼尼亚岛前进。结束比赛的时候，我们刚好用了 3 天零 23 个小时——据说最快的职业船队“野麦号”只用了 2 天就到了，真是厉害……

船刚停稳，一位在悉尼才上船的船员就带着自己的行李，头也不回地跳下船走了。事实上，如果不是因为在海上没有退路，上船当天他就想跳海游回去了。我看着他远去的背影，心中感慨万千——我也恨不得马上就可以回中国，可这事儿就像西天取经，九九八十一难，少一难也不行。

路漫漫其修远兮。

到达霍巴特的第二天就是新年夜了，海港放起了烟花，那些美丽的花火在夜空中绽放，大家在甲板上拥抱着互道“新年快乐”。

这一刻，又欢欣，又落寞。

危难中的援手

霍巴特的下一站是澳大利亚东北部的布里斯班。我们的起航非常顺利，风越来越大，通过不断地调帆，我们开始一个个地赶超身边的船队。到下午 7 点进入轮值的时候，我们已经处于整个船队第三名的位置上了。大家都非常兴奋。这样航行就对了！

忽然，无线电里传来了焦急的“Mayday Mayday”（国际无线电求救信号）的紧急救生呼叫！虽然我们在培训的时候都接触过紧急求救的知识，但是亲耳从广播里听到求救信号的那一瞬间，我忽然紧张极了，大脑一片空白，不知道自己该做些什么。

导航系统上显示了遇险船只的名称和坐标方位。尖厉的警报声过后，无线电里传来更多的信息：“这里是‘使命必达号’！我们的方位是……刚才遇到一个大浪，我们船上的两名船员不慎从高舷摔下，现在一人受伤，一人陷入昏迷。我们需要紧急医疗援助！”

这算是什么情况？

大家面面相觑，“怎么办？”面对这突如其来的求救信息，我们都不知如何是好，只能望向船长。

一向没正经的船长这时一脸严肃，沉默。

比赛还在继续。海面上，风正吹得带劲，我们处于船队第三名的有利位置，但无线电里“使命必达号”的求救信号像一个高音“7”一样在风里回响。无论是在我们前面的船还是后面的船，都只是沉默向前。

无线电里一片静默。听到求救信号之后，估计所有人都跟我们一样蒙了——一边竖起耳朵听着信号，一边在心里默默祈求海岸警卫队或者哪条路过的机动艇能够赶紧挺身而出，给予救援。毕竟我们离岸还不算远，“使命必达号”至少可以自己降帆开动引擎返港，大事化小，小事化了。

无线电又吱啦了一下。谢天谢地，终于又有人开始说话了：

“Mayday Mayday,”还是“使命必达号”船长麦特接近崩溃的声音，“我们的船引擎失灵……”

引——擎——失——灵！真是倒霉的“使命必达号”。这片海域地形复杂，风又大，这么糟糕的情况下引擎居然还失灵了，这是分分钟要触礁的节奏啊！

我们在受着良心的折磨，道义上似乎应该伸出援手，可是其他船队都没动静啊……

又沉默了数分钟，无线电一片死寂。没有友船回复，也没有组委会回复。

“我们回去救援。”船长面无表情地说。

“什么？”掌舵的凯斯一时蒙了，那表情仿佛在说：“我们现在可是杠杠的第三名啊，前面的两条船都没表示要怎样，我们这是什么战术？陛下请三思……”

“‘青岛号’回去救援‘使命必达号’！”船长大声地又说了一遍，“我们船上的查理是医生，在这种情况下，最能帮得上忙的恐怕就是咱们‘青岛号’了。叫醒刚刚下值的班组，全员上甲板待命！”说完他就去了导航室。不一会儿，我们听到无线电通信里船长通知“使命必达号”，“青岛号”将前去救援。我猜，所有船队都大松一口气，总算有人挺身而出了。

“全员上甲板！全员上甲板！”

刚刚下船舱睡觉的另一个值班组成员从梦中被叫醒，他们闭着眼摸索着，手忙脚乱地往身上一层一层地套衣服、航海服、救生衣……

中舱已经在紧急降大前帆，前甲板本来人手就不够，本是壮劳力的小乔治现在腿瘸着，只能留在中舱休息。我二话没说，跟着彼得爸爸去了船头，费尽力气把大前帆拉下前支索，再把降在护栏外面的帆拉回护栏里，用绳子绑紧固定好。船首颠簸不已，大浪一个接一个地从头上浇下来。等绑好帆回到中舱，我们去前甲板的几个人从里到外都湿透了。而船舷之外，一艘又一艘帆船带着敬意默默地从我们旁边超越，毫无疑问，他们已经从刚才的无线电中得知了我们的救援决定。

等另外一个班组迷迷糊糊地爬上甲板的时候，他们惊讶地发现，船头已经调到正顶风，失去风力的帆船几乎已经停下来了。紧接着，我们两组人马一起动手降了主帆，开动引擎，掉转 180 度方向，冲

克利伯的活雷锋

着“使命必达号”开去。一路上，无线电里的通话此起彼伏，响个不停，我们也渐渐得知他们船上的情况——昏迷的船员已经苏醒，并有了反应；另外一名伤员经检查，有可能是肋骨骨折。海岸警卫队的救援船正在路上。

我们开了不久就见到了落了单的“使命必达号”。他们也已经降下了主帆和大小前帆，整条船看起来空落落、光秃秃的，只擎着尿布大小的一片橙色风暴帆在前支索上。绛紫色的暮色中，它随着海浪摇摇晃晃，看着它逆光的身影，我忽然觉得它又脆弱又孤独。

我们就在离“使命必达号”几百米开外的水域上守护着它。先到的是直升机，然而海面太颠簸了，直升机根本无法施救。紧接着，海岸警卫队的快船很快赶到了。这一次，几番折腾靠船之后，终于带走了两名受伤的船员。然而，“使命必达号”的麻烦并没有就此结束，引擎失灵的它在海浪中苦苦挣扎。之后，竞赛组委会决定，由“青岛号”把它拖回霍巴特港进行维修。

故事到这里还没有结束，在回港的路上，无线电里又传来激烈的讨论。本来就只有12名船员的“使命必达号”经过这一场意外，一下子又损失了两名船员，其中一名还是他们船上唯一受过大副培训的船员。只有10名船员是不能完成比赛的。组委会经过一系列的讨论，向“青岛号”提出“帮人帮到底”的建议——将2名“青岛号”的船员临时借调到“使命必达号”，协助他们完成这一段比赛。

船长纠结了一阵之后，让大家自己表态。半夜3点，在“青岛号”的拖带下，两条船筋疲力尽地返回了霍巴特港。布雷恩和杰斯自愿去协助“使命必达号”，他们收拾了简单的行李，和大家拥抱之后跨过船舷，搬去了“使命必达号”。

“青岛号”停靠了仅仅10分钟之后又再次启程，返回比赛。此时，我们已经落后了大部队近10个小时，不仅错过了风区，还完全失去了获胜的希望。

加洛夫依然是一副面无表情的样子。“青岛号”放弃了比赛优势，对“使命必达号”伸出援手，我们做了一次英雄，但过不了两天就会被人们忘记。然而，接下来整整一个月，我们都要跟在其他船的屁股后面，即使这样也没关系吗？看着这个不计得失的“傻瓜”船长，我心里却偏偏生出一些敬意来。

累到想哭

再次掉头回到比赛的“青岛号”一路马不停蹄地追赶，而天气又变得分外让人懊恼——一会儿一丝风都没有，船只左摇右晃得让人心烦意乱；忽然5分钟之内，风力猛地从三四节暴增到二十几节，完全不给人反应的时间。大浪不断从船头和两侧打过来。一个换舷，我在船尾，要在低舷一侧操作，那里正是上浪的地方，一边往后拉滑动后支索，浪花又不断拍在我的脸上，眼睛都睁不开了，手上还要继续干活。

经过南大洋的几番折腾之后，每条船上都有船员陆续退出了比赛。真的，真正在路上，我才意识到环球航海这件事有多难，生活可以有多少困难和凶险；而自己以往在陆地上生活，一切是那么干爽舒适，亲人朋友是那么可爱可亲。

我们船上的另外两个全程女船员利兹和弗兰奇都先后退出了，至此，旅程还没过半，“青岛号”上的环球女汉子就只剩下了我一个。支援了“使命必达号”之后，我们船上只剩下14个人，减去每天当“妈咪”班的两个人，每组上值的船员就只有6个人，大一点儿

累到想哭

的换帆动作都只能选在交接班的时候，两个班组的成员一起合作完成。人手少，每个人的活就变得格外重了，各种大大小小的肌肉损伤也同疲惫一起累积起来。每次下值躺倒在床铺上的时候，我都觉得全身几乎没有一处不酸痛的地方。我全身常常湿得一塌糊涂，连内衣都带着腥臭的海水味儿。在大风浪的颠簸中，努力爬上那个只有半米宽的床板，真的是筋疲力尽，累得都想哭了。算算时间，后面居然还有 7 个月的航行。

善良从来都要付出代价。如今，我们落在大船队的尾巴后面，火急火燎地想要往前追，可是已经错过了风区，只能眼睁睁地看着里程表上大部队呼呼地往前跑。我们又累又沮丧，船上的人都开始莫名焦躁起来，像火药桶一样。

不知道妈妈现在怎么样了？

一想到她，我心里就一阵委屈和愧疚——她现在是不是也在努力让自己更加坚强？在墙壁泛黄的病房，在冰冷的仪器间，在没完没了地吞咽药物的时候，是不是在默默地为我祈祷？

“对不起，让您一个人承受病痛，我真的内疚极了……”

“妈妈，我现在累极了！”我在黑暗中吸着鼻子，喃喃地自言自语，“这个睡觉的地方小得简直像个活棺材。我的腿连个弯儿都不能打，鼻子简直要贴上天花板，几乎不能呼吸了。”

“妈妈，一个又一个的大浪没完没了地打过来，旅程长得没有尽头。我越是想早些回家，这鬼天气就越是像和我们作对似的。我这么弱小，什么也做不了。”

“……”

“妈妈，对不起，你所承受的考验远远在我之上，我不应该这么软弱。”

一切都会过去的。

霍巴特–布里斯班赛段的比赛经过组委会的时间补偿调整之后（12小时20分），“青岛号”只获得了这轮比赛的第八名。其实，当我们回头去救援“使命必达号”的时候，就已经不指望获得什么名次了。

在布里斯班，我们告别了医生查理、贾斯廷和孙志凯。

胡子拉碴的加洛夫船长又恢复了没正经的样子，他“基情四射”地搭着孙志凯的肩膀，动情地问：“鲍伯，你真的不能留下来吗？你要是肯留下来，我把船上的方便面都让给你吃。”

我已经累得精神萎靡，对一切都意兴阑珊。其他全程船员也都和我一样，麻木地拖着身子进行着让人恨之入骨的深度清洁。我真羡慕那些可以回家的赛段船员。一想到48个小时之后的又一次起航，我的精神更加萎靡了，一丁点儿到岸的兴奋劲儿都没有，只有被发好人卡的挫败感。

经过竞赛组委会办公室的时候，我迎面碰上了“One DLL号”上的全程船员查理，我们曾一起培训过。在我眼里，他是个身高体壮、性格爽朗的硬汉。只见他拎着行李，嘴里叼着刚领出来的护照。

“我要回家一阵子。”他说。

话就停在那儿，他没有解释原因，我也没有问原因。

我们紧紧拥抱了一下，他就匆匆走了。对全程船员来说，一旦中途退出比赛，就意味着放弃了环球的记录。如果说坚持的理由只有这一个，那么退出的理由足有上百个。竞赛组委会办公室里还有好些人在那儿排队等着领护照，都是准备退赛离开的船员。有些人还会再次回来，有些人就再也见不到了。这一段赛程中，选择离开的人格外多。

我深深地理解他们，带着那种深入骨髓的疲惫感和挫败感。

妈妈剪了短头发，扭捏地问我好不好看。她的头发服服帖帖地依在头皮上，一直令我担心的化疗的副作用还是来了，她开始脱发了。

她扬起手腕上的金镯子给我看，说：“这是杨叔叔给我买的，好看吗？”

我说：“嘿，你老公可真舍得给你花钱，别人家买个戒指也就算了，他居然给你买个这么大号的！”

她咯咯地笑起来，像个小女生似的，又害羞，又有点儿得意。

真的对不起

她以前总是嫌自己胖，现在却瘦得让我担心。

我为什么这么自私，没有留下来保护你？

挂了视频电话，我独自在房间里哭成一团。

“Man the f**k up! Man the f**k up!”

我一边哭，一边咬紧牙关，对自己一遍一遍地说。

第五章

漂泊珊瑚海

CLIPPER
14

此处有视频

第五赛段的航线一路北上，这一路上，船队会经历冰火两重天的考验：先是从布里斯班一路向北跨越赤道被烤焦，再从新加坡向北经过中国南海，进入天寒地冻的东海和黄海，直到把大家冻成冰棍儿。我原以为，对经历过南大洋折磨的全程船员来说，这些都应该不是事儿。然而，我太乐观了——环球航行好比一条漫长的取经路，总有意外出现颠覆完美的假象。

有人的地方就有江湖

出发的前一天是例行的备船工作，船长找到我和小乔治。

“喂，你们两个，下一个赛段做值班长吧？”船长说。

我愣了一下，小心脏扑通扑通的，瞅了小乔治一眼——小乔治也在另一边故作镇静。

“你们成长了很多，对于甲板上的工作，我信任你们，团队里的其他人也都支持你们。考虑一下，如果愿意，就商量和安排下个赛段左右两个值班人员的分配表，然后告诉我。”

这家伙平时极少夸人，今天居然一下子连夸了我们好几句，这让我们有一种连鼻血都要流下来的冲动。

去年上船的时候，我在心里默默许了一个愿望："我要在'青岛号'做到值班长——做一个能带领团队穿越大洋，能在狂风巨浪中让队友信任和依靠的实力派硬核女水手！"可是，在这条满是外国人的船上，中国船员要努力适应船上的生活和工作已经实属不易，更何况还要担当起领导团队的责任。我不仅要有过硬的航海技术，还要获得大家的认可和支持。开赛以来，我拼命地学习船上的各种技术，默默地努力和坚持。半年过去了，我的梦想竟然可以成真了！幸福来得有点儿太突然。

"我愿意尝试一下，我会尽力做好值班长。"我按捺住跌宕起伏、不能自已的内心，回复船长。

小乔治考虑了一会儿，也表示愿意担任下一赛段的值班长。

于是，船长给我们交代了一系列作为值班长的注意事项。他前脚刚走，我们两个人就立马变脸了，为了"抢人"争论起来。毫无疑问，天蝎座的我和双鱼座的乔治感情好得很，可现在这却成了麻烦事，因为我们对每个船员的喜恶也几乎是一模一样的。

"我选彼得当我的副值班长。"我赶紧下手先占下强有力的副手。

"可以，但是杰斯和吉米是我的！"他毫不客气，一下子就要走了两个我喜欢的船员。"我知道你和麦凯乐是老朋友，我可以把他给你，条件是，罗曼达这个疯丫头也归你，我和她八字不合。"

"行。"我考虑了一下，"布雷恩归我——虽说老大爷容易犯困，但他在掌舵和中舱方面是个稳重成熟的好手。”

“那凯斯是我的，”小乔治说，“尽管这位大叔成天一副扑克脸。对了，那个唠叨得要命的勒奈特归你，她要是跟我一组，我非被她逼死不可。”

“好吧，”我望着名单上的下一个名字皱着眉头：“乔纳森归你。”

“我才不要乔纳森！”他立马跳起来反对。

“休想！我也不要乔纳森！”我毫不示弱。

乔纳森“董事长”，是我在船上有史以来最合不来的头号人物，没有之一。

劳伦斯曾经私下告诉我，乔纳森家族世代经营建筑公司，财力雄厚。

而我对乔纳森的第一印象还要追溯到蜜月般的第一赛段。那个时候大家才认识，刚刚上船，精力充沛的同时都还保持着良好的礼貌和必要的委婉。

但乔纳森不让我们放音乐的事让我对乔纳森的印象一下子跌到了谷底。我紧接着意识到，这个人也是环球船员，这就意味着未来的一年我都要和他同舟共济，连吃带住在同一个 70 英尺长的世界里。这很像你上班的第一天，对新的工作和环境充满了向往，然后突然发现坐你对面办公桌的家伙粗鲁无礼。然而，比这更可悲的是，接下来你还要上班，而且是一周 7 天，每天 24 小时。

哈利 · 波特有斯内普，林黛玉有薛宝钗，奥特曼有小怪兽……

我终于明白了，这就是人生。“有人的地方就有江湖”，区区十几个人的船上，也总会有你的死对头跳出来保持“生态平衡”。我讨厌乔纳森，这种不经大脑的反感随着时间的推移不仅毫无改善，反而与日俱增。我讨厌他那颐指气使、像个老大一样的骄傲态度，讨厌他说话时候高分贝的语调，讨厌他只穿着平角内裤就一屁股坐在导航室的座位上，讨厌他随手就把一块儿硬糖的塑料包装纸丢到海里，讨厌他在我们汗流浃背进行深度清洁的时候装模作样地整理一堆文件……甚至连他的私生活也让我大皱眉头——在伦敦起航时，来送行的明明是他的老婆孩子，然而，在每一个异国港口前来探望他的都是风韵犹存、踩着高跟鞋的老情人。

于是，我尽量减少和乔纳森的交集，而且大部分时候，我也很幸运地被分在与他不同的值班组里，尽量避免了我在一时丧失理智的情况下把他推进大海里的可能性。尽管如此，我还是从其他船员那里听到大家对他的种种抱怨——他总是不苟言笑；他会以影响舵手的注意力为理由，不允许大家在甲板上放音乐；生气的时候他还会高声吼人。然而，他很受船长的信任，一路上已经做了两次值班长。总之，对于乔纳森，我惹不起，躲得起。

虽然从技术层面上讲，乔纳森绝对是个可以信任的好水手，可我和小乔治都唯恐避之不及。

最后，经过一番激烈的讨价还价，小乔治留下了乔纳森，我收下了对小乔治这只“猴子”来说很像“唐僧”的勒奈特阿姨。除此之外，我还要把体格强壮的徐阳和能讲中文的汤姆统统拱手让给他，留下体格整整小了一号的来自香港的拉斐尔。

为了不要乔纳森，我在其他组员上做出了巨大的让步。尽管这样，我还是暗自庆幸避开了乔纳森。

只要不和这个有老大脾气的“乔董事长”一组，怎样都行。

操碎心的值班长

从布里斯班开向新加坡的路上，在彼得爸爸的辅助下，我开始了手忙脚乱的值班长生活。

已经是第五个赛段了，随船航行了2万多海里，经过南大洋和各种风浪的磨炼，我对这条船越来越熟悉，我自己也变得越来越成熟。然而，尽管我之前也做过副值班长，可真轮到自己当上值班长，我才意识到这份责任的沉重；我才知道，在我们平时不留心的时候，值班长在背后操碎了多少心。

值班长总是第一个上甲板，最后一个下甲板，用更多的努力和更加严谨的态度以身作则。值班长要安排好甲板上的航行工作，照顾好队友的安全。大到导航和路线的执行，小到今天谁该下去清理厕所，值班长都要清清楚楚地在脑子里安排好。别人在甲板上没事的时候晒晒太阳出神聊天，值班长的眼睛却在不停地扫视着全场——舵手是不是有点儿偏离航向了？那个放在低舷甲板上的球帆有没有绑结实？风向略变，是不是该调帆了？多余的绑帆绳该顺手收拾收拾了？是不是到点做航行记录了？绞盘的挂挡绳子磨损了，

主帆滑轨滑轮

赶紧找个新的替换上；风浪大了，赶紧提醒所有人挂上安全索；好像又要调帆了……简直没完没了，满脑子全是活。一到大的换帆动作，值班长必定要亲力亲为、一马当先，还要喊着号子组织好大家一起行动，生怕出一点儿差错。

从南半球向北半球进发，天气开始热得不可理喻起来。南纬 13 度，东经 115 度，甲板上面简直就是烧烤人肉，我们放开球帆向着目标前进。一放球帆，我提心吊胆的日子就变本加厉了。新手对球帆的角度掌握没经验，最容易出问题。一旦球帆塌下去，帆绳噼里啪啦地甩在甲板上，就相当于用鞭子抽值班长脆弱的神经。我几乎寸步不离地守在舵手的旁边，两眼圆睁，盯着球帆的每一点儿动静，生怕出问题，真是比我自己开船还累。只有在彼得和布雷恩这样的老船员掌舵的时候我才能喘口气。火辣辣的大太阳，六七个小时炙烤下来，每个值班下来我都快神志不清了，整个人从精神到肉体累到虚脱。

下到底舱休息，不过是从一层地狱下到另一层。舱室下面是接近 40 摄氏度的蒸笼，我已经累得不行，却热得翻来覆去睡不着，或是在做翻来覆去都睡不着的梦。

迷失的孤岛

我们的船是个善解人意的“好姑娘”。

你得细心琢磨它的脾气，照顾好它的需求。你越懂它，越能照顾好它，它就越能顺应你，和你在大海中一唱一和、翩翩起舞。

然而，和这条船上的人相处却永远是门艺术。

船长午饭的时候又开始没正经地说道：“话说回来，这都航行几个月了，你们还没互相掐出人命来，我真是为你们感到骄傲……”

天干物燥，欲速不达，人人都有点儿火药味。即使是最委婉的英国人，出发时候的彬彬有礼也渐渐没了踪影，简单直接成了司空见惯的交流方式。

船上是一个与世隔绝的小世界，有的人像一本敞开的书，比如大厨劳伦斯，我们认识还没到两个星期，他已经主动分享了他从初恋至今的情史；也有些人对自己的事讳莫如深，比如凯斯大叔，即使同船半年之后，我对他的过去依然一无所知，他从来不会主动提起，被问到的时候也会敷衍过去。

敞开心扉也好，敷衍也罢，我们就好像在演绎着美剧《迷失》里的故事情节一样，一群性格迥异的人被命运带到了同一座孤岛上。我们被大海隔绝了尘世，在生死存亡的游戏中，我们一面相依为命，一面又要像刺猬取暖一样需要拿捏好彼此之间的距离。

谁喜欢谁，谁讨厌谁，在这条船上大家都心照不宣。一切皆因懒得粉饰太平，所以干脆爱憎分明、简单粗暴。这里的感情没有小夜曲，只有摇滚重金属，像被提纯过的烈酒，稠得像蜜，厚得像油，一路烧下去，喝了能把你的心直接炸开。

任我行说："有人的地方就有江湖，你怎么退出？"

也许，只有躺在甲板上仰望夜空的时候，我才能记起来我们都是一样的人。

望着那些亿万光年之外的星球，那些亲近却又疏离的另一些世界。

其他星球的外星人看我们的时候，可能只会说："看，那些奇怪的地球人！"他们恐怕根本不会区分我们谁是谁。

"我们要花将近一个月的时间才能跨越一片大洋，这时，我们觉得这个世界很大。可是当我们抬头看这些星星的时候，会突然觉得地球其实也很小，不是吗？"晚风中，我听见乔纳森说道。

虽然我讨厌他这个人，但他这句话还是说得很有诗意的。

可怕的痱子海

我们的船不断接近赤道，天气变得越来越热，越来越热，越来越热！值班的时候，我只穿着一条沙滩短裤和速干T恤，可怕的是，外面还要套上又沉又重的救生衣。迎面是不停拍过来的海浪。一趟值班下来，人总是从外湿到里。风渐渐把衣服吹干，太阳把海水里的盐分逼出，在衣服和皮肤上晒出一圈一圈的白色花纹。

玻璃钢的船身上，金属的甲板件上，甚至绞盘、罗盘、缭绳上……随便往哪里摸，都能摸出一手的盐粒子来。我瞅着我的午餐，打趣英国同伴的做饭技术："老天，睁睁眼吧！我在这条船上随便舔舔哪儿都是盐，唯独我的饭菜里没有！"这引来我的亚洲同伴感同身受的哈哈大笑。

下到舱底，又是另一番地狱般的煎熬——接近40摄氏度的高温，让人热到丧失理智。睡觉的时候，我的心情变得异常矛盾：我不开窗睡，就会被闷死；开窗睡，冷不丁一个浪拍进来，又会浇醒酣睡中的我。我从惊恐中醒来，发现连床也被打湿了，真是恨得牙痒痒……算了，还是爬起来关上窗，接着，翻来覆去，我在"蒸笼"里辗转难眠。只要穿上衣服，几分钟就会湿透。

我身上被衣服覆盖的地方已经开始起湿疹，一下值，我就赶紧换了衣服狂擦痱子粉。因为我总是坐在甲板上，所以屁股上的湿疹最严重，红红的一片，只得连内裤都省了，上值只穿外面的速干短裤，让屁股通着风，被浪浇了以后干得更快些。在海上，一切都以活着为目的，哪里还顾得上淑女不淑女。

才几天，所有人都是一副神经衰弱的样子。我吃不下、睡不好，满身满腿都是红扑扑的痱子，又疼又痒，甚至连坐都坐不下。除了这些身体上的折磨，我这个值班长每天都是思虑紧张，连笑容都带着疲惫。

《西游记》里，取经路上的火焰山应该是充满异域风情的孜然烧烤；我们南太平洋这段火焰海是又热又湿，堪比海鲜清蒸。

船长的鲨鱼笑话

图片来源：布雷恩·卡林

据说，我们现在航行的这片海域里鲨鱼活动频繁，隔三岔五，就能看见杀气腾腾的鲨鱼鳍出现在水面上——请自行脑补电影《大白鲨》里的鲨鱼出场……船长见我们一个个士气低迷的样子，像鼹鼠一样从船舱口钻出脑袋来说："我给大家讲个关于鲨鱼的笑话。"接着，他就手舞足蹈地表演起来。

有一天，鲨鱼爸爸带着鲨鱼宝宝去捕食，远远地就看见了一群正在游泳的人。

"爸爸，爸爸，我们快点儿去把他们吃掉吧！"鲨鱼宝宝按捺不住兴奋地说。

"稳住，孩子！"鲨鱼爸爸不急不慢地说："咱们先绕他们游一圈，而且呢，要露出一半鱼鳍给他们看。"

于是，鲨鱼父子就露着一半鱼鳍绕着这群人游了一圈。

鲨鱼宝宝按捺不住啦，又急切地说："爸爸，爸爸，我们赶紧去把他们吃掉吧！"

鲨鱼爸爸还是不急不慢地说："稳住，宝宝，咱们再绕他们游一圈，这次呢，要露出整个鱼鳍给他们看。"

于是，父子俩又露出整个鱼鳍绕着这群人游了一圈。

鲨鱼宝宝已经快饿昏啦，它急切地说："爸爸，爸爸，我们现在可以去吃掉他们了吗？"

说到这里，船长故意卖起了关子，停顿了好几秒钟，看把我们的好奇心都吊起来了才说：

> 鲨鱼爸爸回答说：“好！趁现在！”于是，父子俩终于饱餐了一顿。
>
> 吃饱之后，鲨鱼宝宝奶声奶气地问爸爸：“爸爸，我们吃饭之前为什么要这么大费周折啊？”
>
> 鲨鱼爸爸哈哈大笑，回答道：“宝贝儿啊，先把他们吓出屎来，这样他们的味道尝起来会更好！”

说完，大家哄堂大笑，有几个人笑得眼泪都流出来了。

食物大作战

在船上生活久了，每个人都会慢慢形成自己的一些风格和习惯。因为船上的工作、作息都有严格统一的标准，所以对于有限的自由——特别是对食物的态度，就成了表现个人立场的唯一方式。比如，彼得爸爸只喝黑茶，不加奶不加糖，他要凸显自己绅士之外的硬汉本色。你要是不小心给他在茶里加了奶，他尝一口就会立刻露出“你不懂我”的鄙夷表情，以示抗议。船长的标签是“讨厌吃任何蔬菜”，哪怕三明治里有半片生菜他也要恶狠狠地揪出来。我往往会在这个时候把盘子递过去说：“嘿，你不吃都给我，蔬菜对身体好！”他会用拇指和食指捏着菜叶子丢到我的盘子里，然后一脸嫌弃地把手指在裤子上狠狠地抹干净，说："好什么好，它能让我长得更高更壮吗？要是我做食品采购才简单呢，只有牛肉和土豆就够了！"我望着这个早已过了青春期的老爷们，心里想："又高又壮估计是没戏了，帮你延缓谢顶说不定有点儿可能……"

至于我，刚上船的时候我是表示给啥吃啥，全心全意融入组织接受改造的。渐渐地，在船上有了点儿地位之后，我觉得还是有些许任性的必要，我要有自己的性格标签，这样才能获得"妈咪"们的尊重。要发展这个标签其实也不难，因为类似的食物接连吃半年，想不厌倦也难。

上船几个月，我把这辈子的意大利斜管面都吃完了——天天吃，上顿吃下顿吃，水煮意面配上红红烂烂的一锅番茄肉酱。新船员头几天吐出来的几乎都是这玩意儿，散发着没完没了的酸味儿，让我倒足了胃口，简直到了深恶痛绝的地步，甚至远远地看见一锅肉酱，我就开始犯恶心。可以预见，在我宝贵的余生，进餐厅点意大利斜管面的概率应该是无限接近于零。所以当"妈咪"的都知道，吃斜管面的时候要少盛一碗——环球船员 Vicky 是宁可啃饼干也拒绝吃斜管面的人。

通常，每一个赛段，船上除了我，还会有一个来自中国的赛段船员。也就是说，每段比赛，船上只有两个中国人，是十五六个人中的"少数民族"，生活习惯都要服从集体安排。有些在我们中国人看来很正常的事情，在这里都会成为民族代沟。比如，中国船员带来的鱿鱼丝，我一看都想流口水，那是青岛人从小吃到大的美味零食。我还特意让给小乔治尝尝，谁知他大皱眉头，冲我们抗议：“天啊，这么臭！”我这才想起来，英国人极少懂得享用这种有着强烈味道的美味，他们做饭连盐都不敢放，更别说让他们吃鱿鱼丝了。好吧，我和中国船员们商量着以后就只能在甲板上找个人少的地方自己吃，风能把鱿鱼丝的味道吹跑，不至于太强烈，省得遭人嫌弃。

食物大作战

图片来源：麦敏烜

第五赛段是“青岛号”回中国的赛段，船上的中国元素因此格外多了起来。这个赛段，除了我和陈晓虎，还有在澳大利亚长大的华裔徐阳、香港人拉斐尔，以及在英国驻华大使馆工作、普通话超级流利的汤姆。加起来，船上有 5 个人会讲中文，占到总人数的 25%。另外，在青岛工作过多年的丹麦人麦凯乐、在香港生活和工作过的勒奈特都对中国文化非常了解，因此我从心底里觉得自豪。

我和汤姆值“妈咪”班时，我瞅了一眼菜单，中午又是肉酱斜管面，晚上倒是有米饭和蔬菜。我和汤姆商量了一下，现在正是天热大家没有胃口的时候，不如把斜管面用清水煮好后拌在沙拉里当凉面吃。我心里想的是，好歹不用再闻番茄酱的味道了，谁知道这个发明却大受广大热“傻”了的船员们的欢迎，吃光的几个大碗算是对“妈咪”们的赞赏。

晚餐才是我这个中国厨娘真正能够施展拳脚的时候：米饭蒸好之后再做成蛋炒饭当主食；厨房里唯一能找到的三样蔬菜——胡萝卜、洋葱和土豆，切碎了和鸡胸肉一起炒，盖在蛋炒饭上。亚洲胃的船员们吃得眼泪都要掉出来了。开船一个星期以来，我们吃上了第一顿顺肠胃的饱饭，英国船员们也都纷纷表示味道极佳。两顿饭一点儿都没剩，全部被消灭光。

一念地狱，一念天堂

我们离赤道越来越近，风也越来越小，越来越小，最后终于小到一丝风都没有了。我们进入了著名的赤道无风区，眼睁睁地看着我们和其他船队的距离越拉越远，却一点儿招儿也没有。船长的眉头皱出了“川”字。值班的时候，我们在海面上仔细地追寻最细小的风纹，甚至一块积雨云都会让我们激动不已。但几个小时下来，船几乎不动。天蓝如洗，水平如镜，降了小前帆，又降了大前帆，最后连轻得像风筝一样的觅风帆都没精打采地耷拉在侧支索上。

再降觅风帆，降到最后，只剩光秃秃的前支索和一片狼藉的前甲板。6 个小时竟然才跑了 4 海里，而且还不在想要的航线上。作为值班长，我深感挫败。

无风的日子整整持续了三天，我们在船队的位置已经落到了第九名。

船长决定放手一搏——为了更加强劲的风力绕道而行，脱离向西近岸航线的大部队，追随“大不列颠号”和“瑞士号”北上。

总之，按照我们现在的排名，也不会再差到哪里去了。午餐的时候，大家一致同意，死马当活马医。我们一掉转方向，瞬间，顶风的日子就开始了。船舱上下都湿成一片，人人行动困难。

仔细想想，这确实很有趣——风并没有改变，改变的不过是我们前进的方向，然而，顷刻间好像换了一个世界。

简单地说，这就好比一个人迎风跑步会感到更强的风（撇去其他条件，我们可以粗略地认为，这时我们感觉到的风速是实际风速与跑步速度的叠加），而顺风跑步时就会觉得风小得几乎不存在一样

换个方向，换个世界
图片来源：布雷恩·卡林

（这时感觉到的风速可以粗略地理解成是风速与跑步速度相减的结果）。虽然自然界的风在这段时间里没有改变，然而我们对风的感觉却变得完全不同了。只不过掉转了船的方向，但对我们这个 70 英尺的小世界来说，一切都改变了。

有时候只不过稍稍变换了方向而已，却可以体验两重世界。

一念地狱，一念天堂。

想想人生，何不如是？

平行时空

日复一日，我终于慢慢适应了值班长的工作。在我思虑不周的时候，彼得爸爸也会巧妙地提醒我，我们配合默契，我焦虑的神经开始放松下来。这几天，风和日丽，航行十分安全，船上的气氛又恢复了和谐。

虽说已经快过春节了，我们的船上却一点儿节日气氛也没有，每天例行的工作排满了日程。因为顶风，所以又要额外增加清理积水的工作。早上，我一下储物舱，老天，一夜的积水多得简直可以游泳！船依然晃得厉害，我一边在下面努力固定住自己，一边用水舀子舀水，积满一桶就由上面接应的船员拉上去倒到船外。不时一个趔趄，滑倒在混着油污的脏水池里，让人咬牙切齿、狼狈不堪。以前，这些活都不会安排给女船员做的，直到我成了值班长，算是拿我自己开了先河。

今天是腊月二十八了，家里这会儿该是在忙过年吧？每年春节前都是妈妈最欣喜和忙碌的时候。她会灌上十几斤香肠，酱几个大肘子，熏几条鲅鱼，拿出秋天就已准备好的海蛰头，切些白菜丝拌拌就是下酒的好菜。

大年三十晚上，午夜钟声一过，妈妈就端端正正地坐在沙发上等我行磕头礼——“老娘在上，受女儿一拜！祝您青春美丽，新年快乐，早日找到男朋友！”她嬉笑着来揪我的脸蛋，再塞给我个大红包。我们一起去厨房下饺子，一起去街上祭奠先人，再回到院子里听震耳欲聋的鞭炮声。我们紧紧依偎着，看新年的烟花在夜空中绽放，还有整个城市温暖的万家灯火……

“嘿，嘿，Vicky，你在想什么呢？”彼得爸爸好奇地问。

我回过神，脸上是凝固的微笑，眼前却依然是无边的海水和无尽的虚空。翻开的记忆不断地浮起陷落，像轻薄的云母片一样，犹如前世一般。

平行时空

图片来源：布雷恩·卡林

我觉得自己身处一个与2014年1月28日平行的时空里，尘世似曾亲近而又异常遥远。

这里是田螺姑娘的壳，是爱丽丝的洞，是卷帘大将的流沙河。

万物生

今天夜班，略有薄雾，满天都是模糊的星星点点。月亮从海上默默升起，只有明亮的下弦，像是夜晚扯起的一个浅浅的、淘气的笑脸。明天就是除夕了，农历的大年三十将是一个没有月亮、被称为“black moon”（黑月）的夜晚。

而这之后，否极泰来，阴极则阳生，云水流转，开启一场新的盈亏运行。

新一年开启。

从南半球跨越赤道回到北半球，南十字座渐渐隐没，下了海平面，再也不见。木星闪烁在双子座之上，天狼星蛰伏在猎户座的肩膀，流星不时从天空划过，有的明亮而长久，有的隐晦而暗淡。

我漂泊在无边的大海上，望着漫天的繁星出神——这些密密麻麻、无穷无尽的遥远恒星，每一颗又照耀和温暖了多少像地球一样的世界呢？这一刻，在我头顶的这片星空中，有多少星星诞生，又有多少陨灭？有多少孕育，又有多少轮回？

会不会有谁留意到这颗星球，以及这片汪洋之中小小的我？

宇宙广袤寂静，不置一言。

海上除夕

除夕的这一天，我们依然执行着海上的作息制度——半夜 2 点才睡下，5 点多便被叫醒，早餐是燕麦粥和几片抹了花生酱的面包。清晨 6 点，上了甲板，和左舷班的值班长小乔治做了交接，安排好我们班组甲板上的值班工作，根据船长的要求把 2 号球帆从帆舱里拖出来，送上甲板待命。我们的船以 10 节左右的速度在波峰浪谷之间侧迎风穿行，居然还算稳定。我心中暗暗欢喜，看来包饺子的计划应该可以实施了。

徐阳是生长在澳大利亚的华裔少年，老家是上海的，今天正好值“妈咪”班。昨天我们早早地商量好了计划，他从早饭之后就开始忙活着揉面和备馅。船上有足够多吃到世界末日的洋葱，我又叫起总是睡不醒的劳伦斯，让他从每日食谱里东拼西凑出一公斤用来煮意大利面肉酱的牛肉馅，主料就算齐了。加点酱油、姜膏、红酒和醋，调了调，尝了尝，还真有那么点儿意思。

没有擀面杖，我们就扒拉着整个厨房找能替代的。嘿，我找到一个装 VC 泡腾片的手掌长度的小罐儿，能使！徐阳利索地擀起了饺子皮，我就开始包饺子。厨房里这样大的场面是很难得的，船上的闲杂人等，凡是经过厨房的，无不驻足围观并拍照。

经过两个多小时的忙活，我们包出了 150 多个饺子。中午下饺子给大家吃，虽然分到每个人头上还不到 10 个，却受到了大家的热烈欢迎。且不说外国船员吃得新鲜有趣，那些连吃了 20 多天海上西

海上饺子

餐的中国船员也没想到除夕这天能在船上吃上饺子，他们感动得眼泪都快流下来了。食物有时候真的代表了满心的思念。

接着，趁着中午两个值班组都在的欢乐时光，我们进行了中国文化知识问答。例如：中国人认为月亮里面住着什么动物呀？

大家积极抢答：

“青蛙！” 19 岁的小乔治抢着说，我白了他一眼。

“龙！不对，是恐龙！” 船长嬉皮笑脸地举手抢答，我一脸的“黑线”。

“是熊猫吗？” 加拿大的罗曼达一脸的天真无辜。

中国船员在一旁急得抓耳挠腮。

我积极启发大家："还记得中秋节的时候给大家讲过的月亮里面那个漂亮妹妹的故事吗？她有个什么宠物来着？"

"是兔子吗？"参加过船上中秋节分月饼活动的全程船员利兹还隐约有些印象，他们弱弱地问道。

"答对了！"真不枉费我一片苦心，我暗自高兴，文化普及到底是有用的。

玩罢游戏，我和其他几个中国船员分头教他们用中文说"过年好"。

同时，我也在心里默默祝愿陆地上的朋友们，此刻请尽情享受新年的喜悦。

赤道的新装

大年初一的这天正午，午餐又是我最头疼的意大利斜管面。唉，哪怕弄个长条形的面也成啊！仍旧是一锅红了吧唧的番茄肉酱浇在面上。我瞅了瞅，一点儿胃口也没有，还好有早餐时船员们吃剩的面包片（摸起来跟馒头片似的）。我又摸了一袋榨菜出来，可是立马又想，这可是大年初一呀，新年头一天，龙马精神，得吃点儿上档次的。于是，我就换了一袋麻辣海带丝。

同是青岛来的虎哥一见到海带丝也两眼放光，他一边和我分享美味，一边苦笑着对我说："你说，就咱俩这晒得黑黢黢的，再蹲着

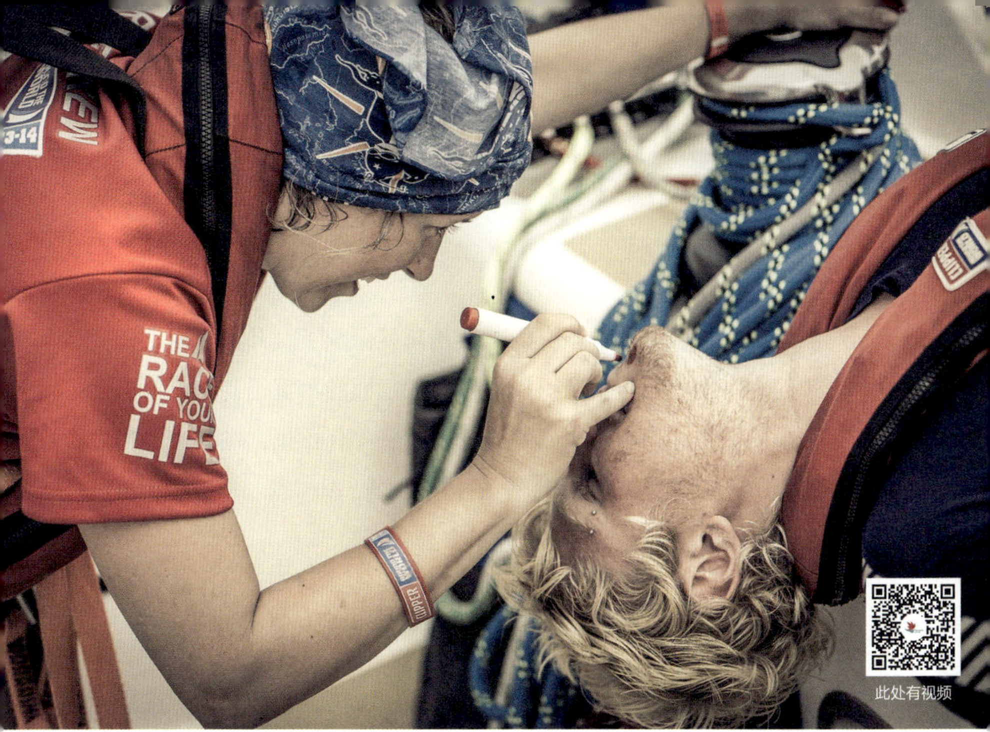

赤道的新装
图片来源：布雷恩 · 卡林

吃些这个，像不像农民工？”

他这一句差点儿没把我给笑抽过去。

春节过去没几天，我们就第二次跨过了赤道。

也许是由于像我们一样的全程船员壮大了“神龟”（穿越过赤道的老水手）的队伍，而那一个个“新鸟”的脸庞看起来光生生的，毫无沧桑感，实在值得“欺凌”一下；也许是由于一路走来大家都已经被无风的状态折磨得发疯，巴不得有个方式来宣泄一下，吉米和小乔治这对“好基友”自告奋勇地担当了海王和女王的角色，杰斯则抢到了一个打手的角色，甚至连彼得爸爸、劳伦斯和我这种老好人也对仪式上的欺凌环节跃跃欲试，充满期待。大家凶残野蛮地把馊了几日的燕麦粥混上吃剩的金枪鱼馅，用咖啡渣和抽剩的烟灰搅和搅和，又腥又黏又恶心的一盆糨糊就做成了，并将它作为赤道仪式的主要道具。吉米从厨房里翻出煮意面的水篦子套在头上当皇冠，小乔治把壮硕的身体硬塞进我的一条牛仔裙里，杰斯戴上爬桅杆用的安全头盔，做出凶神恶煞的打手表情……

这将是一场毫无人性的残酷折磨！

他们在夕阳中刚一亮相，精彩夸张的造型一下子就让所有人笑抽了。

海王吉米念念有词，把“小蝌蚪”们一个一个叫上前来，让他们臣服在女王小乔治的石榴裙下，他毫不客气地数落着他们种种无中生有的罪名，给这些滑溜溜的“小蝌蚪”们起了荒唐可笑的外号，女王小乔治则把一勺勺馊臭的糨糊均匀地浇在他们的头上，揉进他们的头发里。

“Shell back（神龟）！”乔治一边大力地揉一边高声宣布。

无论是欺凌者还是被欺凌者，大家都哈哈大笑，眼泪都出来了。夕阳把一切染成了温暖的模样，风轻柔地拂过。每一个人都在尽情欢笑，所有进入赤道以来的焦躁和愤懑似乎都在这一刻化成了无法遏制的笑声。我们这群人，好像在这一刻不尽力地存在，就会错过整个人生一样。

过赤道后的一天，一只不知从哪里来的海鸟在众目睽睽之下落在了我的手臂上。它俊朗得像只小鹰一样！我惊讶极了，转头一看，正好迎上了它坦然的眼神。那眼神不仅是充满生命力的，而且是带着智慧和尊严的。短短一个对视，我的大脑仿佛瞬间短路了，时间好像停止了一样，直到劳伦斯把手伸向它，它才拍拍翅膀飞走了。

这海天之间的小精灵，你是来自海王的使者吗？是他要你来送一个信息，告诉我，他终于接纳了我作为他的女儿了吗？

"从此江河湖海行走，如有父庇佑。"

我想起了《天是红河岸》里的伊修塔尔，那个手擎一只小鹰的女子，她像男子一样坚强，像春天一样善良。

西塔托的启明星，我渴望自己如你一般明亮。

信天逐日

图片来源：明浩

第六章

路漫漫其修远兮

Perkins

路漫漫　其修远兮

图片来源：布雷恩 · 卡林

近年来，我似乎只有在切洋葱的时候才会哭。

船上大约 20 个人，我哭的时候却没有一个人前来安慰我，也许因为我的手里有把刀。

这一次我哭得格外伤心，偌大的船，却仿佛空无一人。

我默默地说："若是有人此时经过厨房，我便把我珍贵的友情奉上。"

门吱呀一声打开了，船长从舱房进来了。

我伸出双手，他倒退了两步，说："别别，我可不是个喜欢拥抱的人。"

过了一会儿，他很小心地轻声问我："喂，我说，你要不要喝杯咖啡？"

打起来了！

又是没风的日子，这对我们来说是最痛苦的折磨。看着无边的太平洋，离终点新加坡的最后 500 海里简直是望山跑死马，船速一度降到了 1 节以下。原本两天的航程这下一个星期也够呛，真是让人无比焦躁。

球帆软趴趴地贴在船舷一侧，主帆闷闷地偶尔呼啦一声，整条船仿佛失去了灵魂。我们被困在了海上，在原地兜兜转转，只能无望地看着预计抵达的日期一拖再拖，想象中的在陆地上休息一周的计划也再次泡汤。这样下去，我们 12 号或者 13 号才能到，16 号就要再出发，只有三天的休息时间，还要采购和备船……一想到这些我就要崩溃。

来自香港的职业摄影师拉斐尔似乎也备受煎熬。他先是吐了几天，粒米未进，后来又被酷暑折磨得意志消沉，加上工作计划的原因，他向船长提出到新加坡港后就下船，不随我们继续参加第五段的比赛了。

食物也成了问题——抵达日期的拖延让我们短了 5 天的粮。负责采购餐饮的劳伦斯扒拉着所有的食物储备，根据剩下的东西开始制作临时食谱。浪费是万万不能的，中午吃不完的食物一定会换一种形式出现在晚餐里。好在天气热，甲板上也没什么辛苦活，大家本来也没什么胃口，撑到新加坡应该不是大问题。但毕竟是采购不到位，劳伦斯挨了船长两句埋怨，一赌气撂挑子了，说下一站的采购职务谁爱干谁干，他反正不干了。

船长的眉头又挤成了“川”字——在这种折磨到让人发疯的焦躁之中，每个人都开始忍不住发脾气。

有时候想想，在这船上，人和船的相处其实是最简单、最直接的，而人和人的相处却永远变幻莫测。

我悟出道理还没多久，船上另一场激烈的冲突就来了。

由于无风，组委会终于在千呼万唤之下同意缩短航线，所有冲过终点的船队可以开动马达奔向马来西亚加油站。为了节约到岸工作的时间，船长决定让大家在海上提前开始深度清洁，而在中午，晓虎和小乔治就因为这项工作起冲突了。

小乔治这次和我一样被船长任命为值班长，我们俩各管一个班组的甲板工作。陈晓虎是“青岛号”的 8 个赛段船员之一，从布里斯班上船。按照惯例，他被分在了小乔治的小组工作。虎哥虽然能说的英文有限，但他是一个很有经验的老帆船运动员。毫不夸张地说，当年他在专业队训练的时候，我还在穿开裆裤，而小乔治的爸爸才开始和他妈妈谈恋爱。论起玩船，虎哥的经验远在我和小乔治之上。然而 70 英尺的帆船毕竟不同于小帆船，环球航行和近岸航行也有很大不同。小乔治虽然年轻，但是他对这条船已经相当熟悉，是能够担当起值班长的工作的。然而小乔治这小“猴子”偏偏有一张刻薄的嘴，即使我和他关系这样好，也不免被他挖苦得气昏过，更不用说英文还不太好的虎哥了。这俩人都倔得像牛一样，几乎从第一天当班开始就针尖对麦芒。我听说他们有过几次公开的摩擦，小乔治对晓虎冷嘲热讽，晓虎也用正宗的“国骂”伺候。两个人本来还只是嘴上抱怨两句，大约是没风的焦躁让人失去耐心，火药桶终于在这天中午爆炸了。

情况是这样的，船长规定，下午 1 点开始，各组分头进行深度清洁。午餐之后，小乔治跟晓虎说了一声，他们班组的成员就开始下船舱打扫卫生。过了一会儿，晓虎还是在甲板上坐着，小乔治又说了一次，这次他已经不太高兴了。晓虎脾气也上来了，偏不理他。小乔治气呼呼地下了舱，几分钟后，从底舱的舷窗给晓虎伸出了一个恶狠狠的中指。虎哥被激怒了，呼地站起身："你干吗冲我竖中指？你干吗冲我竖中指？"他一边说着，一边激动地下了舱室。这时事情已经失去了控制，两个人积累的怒气在这一刻全部爆发，场面一发不可收拾。我当时在甲板上值班，只听甲板下面争执的声音越来越激烈，好像还动手了，后来是劝架和拉扯的声音，再后来是船长像金毛狮王一样愤怒的吼声——

"都赶紧给我住手！"

然后，一切渐渐平息了下来。

"天啊！"甲板上的众人面面相觑，"我们错过了什么？这可能是开船以来船员间第一次动手，而我们居然什么都没看见！"

船员之间有矛盾通常都在陆地上解决，只要在船上，我们就都得相互忍让。说到底，我们都是一条船上的"蚂蚱"。

其实，在船上想要干掉一个人真的是太容易了：一片漆黑的晚上，在某人背后轻轻一推；风浪大作的时候，解开某人的安全索；甚至上 20 多米桅杆维修的时候一不小心掉个扳手之类的情况，都可以轻易要了他人的性命，更不用说如果有谁想要故意为之。

这也是为什么"打架"是船上最大的禁忌。

我不知道甲板下面到底发生了什么，只是听见嘈杂的声音，并没有亲眼看到事情的经过，所以对细节不得而知。我正想着这些，船长派人喊我去趟导航室。

我去往导航室的时候，和正往外走的小乔治打了个照面。他看了我一眼，什么也没说。

导航室里只有船长和晓虎两个人。

船长面前摊着他的大本子，见我到了，他就重新翻了一页，说："Vicky，这件事情我需要向组委会汇报，在处理意见出来之前，晓虎先划到你的值班组里。"他看起来又恼怒又疲惫。显然，最近让他闹心的事情是够多的。"还有，我需要问他几个问题，你帮我翻译一下。"

接下来，我便听虎哥陈述了下舱之后的经过——

他情绪激动地下舱找到小乔治，用胳膊肘勾住小乔治的脖子，问他为什么竖中指。小乔治挣扎反抗，他们就厮打在了一起，后来便是船长出来分开了他们两个人。

"乔治说你揪他的头发了？"

"揪了。"

"那你有没有打他？"

"没有。"

"好吧，现场还有其他人目击了全过程，我也会向他们了解事情的经过。"他让晓虎签字之后合上了本子，继续说道："乔治向你挑衅，这是他的不对，我会撤掉他值班长的职务。可是，你先动的手，不论什么原因，这都是严重威胁他人安全的行为，按照规定，我必须上报组委会。”

虎哥一脸歉意地点点头。

逃避现实的船员

船又开了两天，好不容易挨到了新加坡，我却没有到岸的兴奋感。我的心里有一团湿冷沉重的水汽郁结在胸口，好像独自行走在水底，与新加坡白晃晃的大太阳和燥热的天气格格不入。虽然我不想承认，但海上长期积累的孤独和疲惫还是快把我压垮了。不只是我，似乎每个全程船员都心力交瘁地迎来了瓶颈期。很多原本计划环球的船员开始相继退出。关于退出，我是想都不会想的，死也要死在船上。妈妈期待的眼睛望着我，我退不起。

每天只有在视频里和妈妈说说话的时候，我才能振奋点儿精神。本来妈妈和杨叔叔计划好飞到新加坡来和我团聚旅行的，可是最近的一次介入治疗过后，她的身体恢复得很慢，不得已只能取消了行程，在家等我回去。

我依然带着职业化的微笑面对记者，可是内心却对一切都失去了兴趣。我不想见每天在船上都要见到的人，也不想认识任何新朋友。船上的活一干完，我就回到酒店的房间里窝着，或者在游泳池一圈一圈默默地游泳。

离开新加坡的前一夜，“佳明号”上的丹喊我去吃辣椒蟹。“这可是我们在新加坡吃螃蟹的最后机会了！英国人不肯下手去剥黏糊糊的螃蟹，我虽然招呼了几个船友，可不知道能来几个人，所以你一定要来。”

我听到我的整个身心都在说“不”，但胃却斩钉截铁地说：“去！”

果不其然，最后出现在餐厅的只有我和丹两张亚洲脸。

那一晚，就着虎啤，我们一边大快朵颐地吃着辣椒蟹，一边分享各自船上的八卦。

“你知道，我们船上那个俄罗斯姑娘凯拉，她绝对是个说话能噎死人的主儿。那天她在船舱里挡了别人的道，老大爷让她快一点儿，她回头就来了一句：“你这么大年纪，很快就要死了，没必要这么着急！”

“我的老天，她竟然能说出这种话来！”

“我们船上没人能受得了她，我算是唯一能和她说几句话的人了！”

“看来每条船上都有让人头疼的刺儿头。我们船上也是，就那个负责深度清洁的乔纳森，他的脾气相当差劲儿不说，一到岸就只知道指挥别人干活，自己却跑到酒吧去喝着啤酒、点着平板电脑，装出为船队忙碌的样子！不知道组委会当初分船员的时候是不是算计好了，每艘船分一个刺儿头以保持生态平衡。”

“你说，环球船员究竟都是一帮什么样的人？”

“都是有英雄主义情结的神经病！”我用两根手指在脑袋两边比画着，“中年危机的时候，他们不知道是该买豪车还是应该离婚，所以半路出家跑到海上来。相比之下，那些赛段船员倒是更像正常人。”

丹笑着说：“赛段船员也一样。大家到船上来，自以为到了天涯海角，可以暂时和过往的烦恼一刀两断，可事实上，麻烦从来没有离开过，不是吗？”

我太了解他在说什么了。

劳伦斯想要逃避经营餐厅的辛苦，彼得爸爸想逃避日趋无聊的晚年生活，小乔治想逃避毫无希望的学业，我想逃避离婚后遗症。离岸这么远，可我每天都在船上想着陆地上的事——做错的、做对的，该做的、没做的，思念的、悔恨的……思考成了航行的必修课。

懦弱、自私、骄傲、自卑、嫉妒、懒惰、愤怒……所有的弱点在这个远离陆地的世界里被集中修理着。如果陆地上的人生是一条起伏和缓的山路，那么这里就是让人应接不暇的过山车道，所有最糟糕的状况都会在顷刻间铺天盖地而来，要想活命，只能挣扎起身，仓皇迎战。

安慰我们的东西很少，折磨我们的东西却很多。

我看着丹，开始想，他的人生又充满了什么样的波折，为什么辗转到此？

尚不到时间说破。

彼得出走

我从来没有想过彼得爸爸会突然中途退出，这个消息对已经意气消沉的我来说，又是一个措手不及的打击。

环球就像跑马拉松，我们放眼望去，终点仿佛在迷雾般的远方，没有人知道路上会碰见什么，也没有人敢保证什么。我们一面小心翼翼地上路，一面忐忑不安，不知道命运会有什么安排。

从伦敦出发的时候，我们原本有 8 名环球船员。开赛两个月，巨浪滔天的南大洋赛段结束之后，有着以色列血统的弗兰奇第一个退出了；到达澳大利亚之后的某一段，利兹教授也悄无声息地回了英国；大厨劳伦斯在船员日记中数度公开表达了他做梦都想跳船的念头；小乔治从一开始的滔滔不绝到后来除了抽烟，连嘴都懒得张；乔纳森的扑克脸变得更加僵硬；我愈加消沉和烦躁，看谁都像易燃物；只有彼得爸爸永远踏实、稳妥，不论何时，都记得给予他人温和的微笑和真心的鼓励。

他是我心目中真正的绅士——稳重、宽厚、谦和有礼。他身上有一种让人初次见面就会产生亲切感的气场。不论多么糟糕的境况，只要听了他那蹩脚的笑话，你就会忍不住露出会心的微笑。他总是不遗余力地帮助别人，甚至船上人人都避之不及的恶差事——疏通厕所管道，深度清洁底舱，还有清理充满机油味道的发动机房——都被彼得默默地接手过去。毫无疑问，他是“青岛号”上最受大家尊重和爱戴的船员。对我来说，他更像是我在船上的父亲。

自伦敦开赛以来，我几乎一直被分在彼得的值班组。他当值班长的时候我会格外踏实，而我也曾多次做过他的副值班长，渐渐成为他的左膀右臂。我们从一场又一场的风暴和事故中建立起了绝对的信任。船上我们是配合默契的战友，船下我们是异国他乡的旅伴。

彼得，最后一根稻草

我希望自己有一天也能变成像彼得这样的人。像他这样温和乐观的人，一定有着一颗格外强大的内心，才能宠辱不惊，永远宽厚地微笑。我甚至相信，任何人都可能会退出比赛，唯有彼得不会。

出乎所有人的意料，就在离开新加坡的前一天，彼得竟然不辞而别。

让彼得一气之下离开的导火索，是他和船长的一次争执。当时，加洛夫船长臭着一张脸埋怨所有开会未到的船员，又殃及池鱼地把所有到场的船员也骂了一遍。我们每个人的眉头都拧成一团，心里窝火得很。彼得站起来说了句什么，船长说：“你要是有意见，你也走！”

全场沉默了两秒钟，彼得突然“噌”地站起身来，走了。

船长愣了，他从没想到一向温和的彼得竟然也会当众怼他。

不仅是他，我们所有人都愣住了，这完全不是我们认识的彼得爸爸。

“彼得只是一时之气，明天出发之前就会回来的。”我当时还没有太担心。

谁知第二天，杰斯和小乔治告诉我，彼得不会回来了，他已经从组委会要走了护照，买好了机票，他甚至都不会来和船队道别。我站在厨房里“嗯”了一声，两手继续忙个不停，把各种食材分门别类地放进储藏格子里。他们刚转身上了舷梯，我的眼泪就噼里啪啦地掉下来了。我一时间没有办法继续手中的工作，于是干脆把身体抵在厨房狭小的台面上，将脸埋在肘弯里，哭了个稀里哗啦。

天啊，彼得竟然也走掉了！彼得竟然也走掉了！

在这个孤岛之上，像父亲一样的彼得竟然也走掉了！

我从来都没有像此刻一样感到深深的挫败。这种潮湿又沉重的感觉压着我的心，把我整个人向无限的深渊拉下去。我哭，是因为在这 70 英尺的孤岛上，什么都极度匮乏，尊重和理解如此来之不易，像彼得这样辛苦的人，到头来还不是被气走了；我哭，是因为这条船如此拥挤，可人心却如此疏离。我心里的稻草不断累加，谁知哪一根就会让硬撑着的后背垮下去，我甚至为自己的私心而哭——没了彼得，我要独自承担起值班长的巨大压力，我已经这么累了，我能做得到吗？

长长的抽泣过后，我好不容易边吸着鼻子，边抹干净眼泪重新开始手中的活。这时，船长走过来给我的伤口上撒了把盐：

“彼得走了，拉斐尔也走了，你们左舷组的成员太弱了！”他说，“我决定把右舷组的乔纳森划到你们组里，做你的副值班长。”

“乔——纳——森？”我头皮一阵发麻，难以置信地瞪着他，心想，“好嘛，加洛夫，这正是你现在最需要做的——进一步赶尽杀绝！”

无力反抗

然而，我已经没有力气反抗了，就算反抗又能反抗到什么时候呢？我已经累到不想再在乎。这一定是天意。我意志消沉地接受了船长的安排，草草整理了我们这组剩余的人马，然后又从新加坡起航了。

这是我第几次解缆起航？这是我第几次向岸上送行的人群挥手告别？这是我第几次义无反顾地奔向茫茫大海？我们渐渐远离的陆地，是开普敦迷人的桌山还是里约热内卢优美的山岚？是霍巴特多情的海港还是悉尼繁华的都市？记忆一旦开始模糊，发生过的故事就变得交错起来。

这一程，船长也格外沉默。事实上，这是我见过的他最消沉的样子。我太了解他了，即使他故作高昂想振奋士气，我也读得出他亢奋之外的沉默。以往自信到专横的他，却被彼得的转身离去狠狠击中。我几乎可以肯定，当他独自躺在床铺上，用帘布隔开一船人依赖的目光时，他也会紧握双拳，追悔不已。纵然是一船之长，在这个 70 英尺的世界里，也挣脱不了自己的心魔。

我疲惫地看着海图，疲惫地整理着行装，疲惫地躺下又站起。从新加坡起航，我们将穿过炎热的马六甲海峡，进入中国南海，穿过台湾威名远扬的黑水沟，再北上到天寒地冻的青岛。

又是一次寒暑轮回，还要多久才能完成历练，回到人间？

灯语

深夜 1 点半，当被喊起来值班的时候，我正睡得不省人事。梦里，我正在家里洗衣做饭，睁开眼睛看见的却是黑暗狭小的床铺。我一边往身上套衣服，一边纳闷自己是怎么混到这里来的。我仿佛陷入了和庄周一样的困惑：我究竟是在这摇晃的船舱里做了一个关于家的梦，还是我在家里做了一个漫长的关于海上的梦。

待我一脚深一脚浅地登上甲板，我的副值班长乔纳森“董事长”的扑克脸已经杵在了那里。“值班长必须是第一个上甲板和最后一个下甲板的人。”我想起了值班长守则第一条，不由得叹了口气。看来下次动作还得再快点儿，起码得快过乔纳森。从新加坡开船以来，我就没指望过乔纳森这个副值班长能给我分担多少压力，我只能比以往更努力，多长点儿心，尽量不劳烦这位老板。

新加坡是世界最大燃油供应港口和第二大货运港口，而马六甲海峡连通了印度洋和太平洋，是世界上最忙碌的水域之一，每年有

10 万条船只通过这里（其中油轮占了大多数）。中国、日本和韩国的绝大多数能源进口都和这个海峡息息相关，其繁忙程度可想而知。

晚上的值班清凉舒适，只是要格外警惕交通。AIS 上密密麻麻的全是船，根本没有什么指导意义，只能加强甲板上的瞭望，保证航行安全。彼得不在，我变得更加少言寡语，没事只是望着夜海——只要用心去留意它们的语言，你就会发现这些聒噪的航行灯“聊”得可是热闹呢！

红红绿绿的航道标一闪一闪，仿佛在说：“来来来，不管进港还是出港，往我们中间走就对了，这里水深安全！喂，你别伤心了，彼得虽然不在了，之后的路你还是要接着走，不是吗？他和我们一样，也只能陪你一阵子。人生也好，航行也罢，就是一个不断告别的过程。如果你还是不习惯，那么多经历几次就会好了……”

每隔 5 秒就快闪两下的是急脾气的危险提示标：“避让！避让！你可不能离我太近啊，船下面不是暗礁就是沉船，到我这儿可就有麻烦了啊！我可跟你说，你既然当了值班长，就得把责任扛起来才行，怎么能总指望有人在你背后当靠山呢？在家的时候靠老妈，在船上靠彼得爸爸，你什么时候才能靠自己呢？”

上红下白的是成双结对的渔船，它们行动缓慢，看上去恨不得把自己装饰得像一棵发光的圣诞树，生怕别的船撞上它们。“我和我的小伙伴正拉着网捕鱼呢，别忘了保持距离……夜海虽然孤独，我们扮演烟花给你看啊。别伤心了，你看，漂不漂亮？记得提醒你的舵手从我们的外面走啊！”

沉默了一会儿，我转头对舵手说："1 点方位渔船，记得从渔船的外面走。"

"好的。"舵手回答道。

平安是福

就这样，我们开着马达航行了整整一天一夜，终于摆脱了狭窄且繁忙的海域，来到了外海。大海又恢复了辽阔，我再也不用担心轻易撞到哪条船了。天色已亮，按照组委会的指示，我们将开始一场叫作"Le Mans Start"（音译）的比赛。

一听到这个很洋气的名字，我们就知道它八成是从法国流传过来的。"Le Mans Start"比赛不设起点线，而是以 12 条船中间的船长命令为准。12 条船一字排开，尽量并列，排在中间的船长觉得公平之后发出起航信号。除了主帆，所有帆必须留在甲板上，待比赛信号发出后才能升起。

"Le Mans Start"的开赛过程紧张异常，船队间不仅要比船长起航的技术，而且团队的升帆、换帆技术以及速度都将直接影响到起航排名。这种比赛的好处在于，比赛的起点可以设在茫茫大海之中而不需要地理上的参照物，也不需要组委会布标，只要参赛船队在一起就可以开赛。

起航之后，风浪开始一路渐渐大起来。乘风破浪，而且还是最让人头疼的碎浪。船头从大浪的一侧冲上去，走到一半，哐的一声

Le Mans Start 1
图片来源：布雷恩 · 卡林

Le Mans Start 2
图片来源：布雷恩 · 卡林

就硬生生地砸到谷底，如此反复，没完没了。加上人员和行李有 30 多吨重的船，每隔几分钟随着这哐的一声响起，五脏六腑原本带着向前的惯性，突然重重地向下一沉，让人一阵翻江倒海的恶心。没有固定好的东西稀里哗啦地从各种地方掉下来，船舱好像被击中的战壕。我在心里捏着一把汗，祈祷我们的大红船无论如何一定要挺住，啥都别坏，啥都别断。今年参加比赛的这批 12 条帆船全部是在青岛造的，你们可是我们几百号船员在汪洋大海中唯一的指望！

吃喝拉撒都在这种无时无刻不在颠簸的环境中进行着。有 1/3 的船员开始晕船和呕吐。其他船队传来消息也是状况频出，而且各有各的状况——

"One DLL 号"的船尾储物舱大量进水，他们的船员在日志上不断哀号，说自己的船就要沉了。船长安排大家轮班 24 小时一刻不停地排水。更惊心动魄的是"牙买加号"，桅杆主要支撑之一的前支索突然断裂。所幸，桅杆虽然在风浪中摇摇欲坠，但并未倒下伤人。"牙买加号"的船长分外紧张，根据克利伯竞赛组委会的紧急通知，他们赶紧把球帆升帆索挂到前甲板的一个 D 型环上加固前支索。

"青岛号"还算好，只发生了一个规模不大不小的机油泄漏事故。虽然只有桅杆处的几个橘子和数只靴子遭殃，但是清理过后的船舱开始弥漫着一股浓重的机油味，这更加剧了船员们的晕船反应。晕船的小伙伴一闻到这股味就吐得更加不亦乐乎。右舷地板简直成了溜冰场，大家纷纷在此"练习"摔跤，让本来就狭小颠簸的船舱又增添了更多挑战。

进入中国南海，遇到这样的风浪，人也辛苦，船也辛苦，各种物件都在风浪中饱受折磨，我一路上都在祈祷妈祖保佑。

而这，才是正式回家路上的第一天。

我是值班长！

狂风巨浪里的颠簸，最让我担心的就是弄坏东西。每天我睁眼的第一件事就是祈祷人船平安。如果你是值班长，会祈祷 10 遍；如果你是船长，则会祈祷 100 万遍。

船在巨浪中翻腾着，顶头风，迎头浪，依然是让人翻江倒海的浪尖失重，然后是半晌后砸到海面的超重。在众多的航行状态中，这是让人无比厌恶的一种。上甲板后我迅速交了班，一班船员各司其位，安排好了工作之后，身为值班长的我仔仔细细地前后转了一圈，上下左右看看容易出问题的地方是否还结实，落实后，我才万分庆幸地歪斜着坐下。忽然一个大浪袭来，伴随着哐的一声猛地落下，存放在船尾的三个救生筏中的一个立刻从固定的位置脱位而出，往前移动了 10 厘米。

乔纳森正好坐在船尾，他从高船舷移动到船尾检查情况。只见他左瞅瞅、右瞅瞅，用手推了推那个救生筏，发现完全推不动，于是坐下来用脚往里使劲蹬救生筏，费了半天劲，还是毫无进展。显然，这不是一个人能搞定的问题。

“弗兰克，你来帮我一下！”他冲离他最近的小虎哥喊道，“我

博弈

图片来源：王波

从前面推，你挂上安全索，然后站到船尾外从外面拉，我们一起用力！”

站到船尾外？我在心里给他翻了个大白眼。也就你这种大老板能说得出口！你可是副值班长，让一个组员去做这么危险的事情，你怎么不自己站出去？

晓虎英文不是很好，乔纳森又把话重复了两遍，他似懂非懂，挠着头不敢轻举妄动。

“不懂英文还上什么船？”乔纳森在大风中吼道，他的老板脾气一下子上来了，他又扭头用手指着我说："你，用你们的语言告诉他！"

他不指我还罢了，他一指，我的火也一下子上来了，一阵热血猛地涌进我的胸口。我受够乔纳森了，什么叫"你们的语言"？我们的语言没名字吗？

我跳下来，把肺都要吼出来了："这是我的值班组，我是值班长！干不了别干！你有种自己站出去！"

甲板上一片寂静，我第一次在船上骂人，和平时那个笑眯眯的圆脸姑娘判若两人。

乔纳森也愣住了，他根本没想到有人会吼他，一时间大脑短路了。

我三下两下来到船尾，把自己的安全索挂在手臂粗的A型架上，又拉了拉，确保安全，接着整个人就翻出了船尾。

"推！"我从船尾外冲晓虎说。

晓虎哥学着乔纳森刚才的样子，坐在甲板上，使劲用腿往里蹬。我在后面一只手保持稳定，一只手拼命地拉，可救生筏太重了，无论我们怎样用力都纹丝不动。

乔纳森面无表情地坐到小虎旁边，伸出腿和晓虎一上一下。

"我们等下一个浪来的时候开始用力。"他说。

对啊，我怎么没想到！

"一，二，三！"我们顺着下一次浪尖失重的颠簸同时用力。

咣当一声，救生筏复位了。

如释重负。

我小心地从船尾跨回来，回到自己原来坐的地方。路过乔纳森时，我们两个人都面无表情。

我和他擦肩而过，仿佛什么都没有发生过一样。

怪兽也温暖

早上，我们正在值班，船长胡子拉碴的脸突然出现在舱口。朝阳正好照在他的脸上，他眯缝着眼，冲我挥挥手，然后递给我一根大力马（Dyneema）的绳芯：“去船头把前支索再固定一下，这次‘牙买加号’的事故恐怕没那么简单，我们要加倍小心。”说完他就从舱口消失了。

我接过绳芯，扭头看了一眼朝阳中颠簸的前甲板，亮晶晶的浪花不时从高舷的一侧打上来，这一趟肯定要弄个里外湿透。副值班长乔纳森一副什么都没有听到的样子，当然，我压根儿也没指望能依靠他什么。如果换作以前，彼得爸爸早就一手揽过去了，但是彼得不在船上了。

我想了想，我宁可浑身湿透，也不想和乔纳森说话。于是，我叫了组里的麦凯乐跟我一起去前甲板。即使风浪比昨天略小些，前甲板也永远湿得一塌糊涂。我让麦凯乐站在安全的范围拿着工具看着我，一旦我不小心落水，他就可以及时呼救。我独自挂上安全索就爬到了船首去加固前支索，人都站不稳的前甲板上，浪头一个接一个地打过来。我戴上了帽子，但衣服和头发还是立刻被打湿了，浑身上下的海水滴滴答答，讨厌极了。

回来的时候，乔纳森似乎抬头看了我一眼，但他依然面无表情。

几个迎风换舷之后，“青岛号”在所有船队中的排名从第二名降到了第五名。我难免有些灰心——作为值班长，我总觉得自己有责任。偏偏这时“大姨妈”又来了，即使是再头疼的工作我也得打起精神冲在前甲板，这意味着每隔几个小时我就会被迎头大浪浇个透，从头湿到脚。

下值，我筋疲力尽，肚子极疼。头发被海水浇过，更是湿得难受。船上的淡水很珍贵，不到值“妈咪”班的那天是没资格洗澡的。对我来说，最讨厌的事情莫过于头发被海水打湿。哼，黏糊糊的海水在头发上真是太难受了。我不由得想象起无数微生物和细菌在我的头发里繁衍生息大开派对的场面。自我厌恶的我无论怎么翻来覆去都睡不着，而且这样很容易感冒。眼看 3 个小时之后又要上值，诸事不顺，我委屈极了，拉上帘布就开始在狭小黑暗的床铺上抽抽搭搭地哭了起来。我这一伤心，干脆把所有陈年旧事一并勾了起来，好好哭了一场。我觉得自己的生活简直糟糕透顶，我的人生也像在一条无论如何都靠不了岸的船上。我对着各个方向横冲直撞、寻寻觅觅，整得自己遍体鳞伤，活像一条没头没脑的鱼。

机器的隆隆声和导航仪器的嗡嗡声掩盖了我抽搭的声音，渐渐地，这些有节律的声响似乎变成了一种亲切的安慰。我仿佛依偎在它温暖的胸膛，聆听它心脏安稳的跳动。我被这舒适的安全感包围起来，不知不觉间竟睡着了。

凌晨醒来上值，我感到浑身充满温暖，元气居然也恢复了许多。

是这条船一直在默默地安慰我吧？

在我入睡的时候，它悄悄地拍打我的脊背，就像不会言语的大怪兽，庞大而温暖。它的心，敏感又善良。在这无边的海上，日日夜夜，一路无语，却默默地守护着我。

改变航向

今天我值“妈咪”班，在35度倾斜的船舱里和杰斯大叔一起给甲板上的大家煮一日三餐。虽然辛苦，但我可以暂时卸下值班长的重负，做一天普通船员，这简直像难得的假日一样。

随着船不断地向北靠近，气温也开始降低，我们已经需要穿上夹克和长裤了。甲板上的风浪也明显大了起来。主帆缩进了两节，做晚饭的时候，我明显感觉到船体倾斜的角度加大了——我整个人被重力紧紧地挤在厨房的柜台上，船头时不时从一个大浪上跌下去，船舱下就像地震一样。所有人都经历着这个失重和超重的颠簸过程，一举一动都在和重力斗争。

晚餐过后，我和杰斯好不容易收拾好厨房，准备上甲板透透气。忽然，刚下值的班组全都穿衣服起床了，大家揉着惺忪的睡眼，抓了救生衣就往甲板上走。紧接着，有人跟我说：“船长通知，全员甲板集合！”

我和杰斯大叔带着满脑袋问号匆匆上了甲板，发现船已经偏离了原来的航线，从顶风变成了横风行驶。人人都是一脸的不解，满腹疑问——全员上甲板的情况我也不是第一次遇到，每次都是在狂风巨浪中有恶性事故发生时，一个班组的人搞不定，才会不得已叫醒熟睡中的另一班组，正是所谓的“All hands on deck”。不过现在这大好的晴天，船虽然颠簸，但是四处看看却也没有什么损坏。大家都一脸迷茫地望向船长——好端端的，您这是唱的哪一出？

船长开口了：“现在，我公布一个来自组委会的紧急通知——第九赛段比赛现在中止。”他顿了顿，等下面一片哗然的惊讶声稍作平息后接着说：“继昨天‘牙买加号’前支索崩断退赛之后，我们得到消息，‘德里号’和‘PSP 物流号’在两天之内也相继发生了同样的事故，都是由于前支索和甲板固定环之间的金属连接断裂造成的。鉴于如此重大的安全隐患，组委会已经中止了比赛，并提供了解决方案。我们已经改变航向去往香港，在那里检修船只，之后再从香港出发，重新开始比赛。”

组委会的迅速反应是有道理的。

2010 年“加利福尼亚号”的事故记忆犹新——68 英尺的赛船在北太平洋上的风暴中被一个巨浪从侧边推翻近 120 度，船体摆正之后，桅杆断裂成两截，大浪涌入舱室，睡梦中的船员惊醒后的第一反应是自己不能呼吸了。直灌而入的海水造成导航室的导航仪器全部短路失灵，所幸船载 EPIRB（应急无线电示位标）自动启动发射定位求救信号，才使得船员获救。

2010 年，“爱尔兰库克号”在爪哇海搁浅，全体船员不得不弃船等待营救。

而我们这段比赛的顶风航行才刚刚开始，前方台湾海峡的狂风巨浪尚未到来，72 小时之内，12 条船中的 3 条船就已经相继出现严重的前支索事故，想想真让人汗毛直竖——桅杆在二三十节的狂风中倒下可真不是好玩儿的，把船砸个窟窿都有可能。

我虽然明白立即停赛是最理智的决定，但我的心里瞬间难过得一塌糊涂，不能自已——经停香港，这意味着在青岛的停靠时间就要大大缩减。原本说好停 10 天的，这样看来能停 3 天就不错了。我都半年没有见妈妈了，老天你一定要这样考验我吗？

我的背疼得好像要断了一样，而各种意外和压力的稻草依旧绵绵不绝地从天而降。

修理工罗宾爵士

紧接着就是通信封锁，我甚至连和妈妈说一声的机会都没有。

像军队一样，一旦有重大事故发生，船上会同时进行通信封锁，电话、邮件统统休眠。在官方对外正式发布消息之前，谁也不能对外联系。好在我们目前都还平安无恙，大家只能各自去消化自己的焦虑。

船开到香港用了整整一个星期，在 2 月 3 日的清晨靠了港。一

修理工罗宾爵士

到岸，大家哗啦一下跑上岸，抓紧时间去喝一杯酒或者洗个澡。作为值班长的我筋疲力尽，无论是在体力上还是在意志上，好像随时都会垮掉。我让组员们去放松，自己留下等人来维修船。我原本以为等来的会是组委会派来的某个工人，出乎意料的是，前来加固前支索的居然是罗宾爵士！

罗宾爵士是航海界数一数二的英雄人物，也是世界上第一位完成单人不间断环球航行的勇士。1969 年，他驾驶着 32 英尺的双桅帆船“Suhaili 号”环球一周，那可是没有 GPS、要依靠六分仪来判断方位的年代，更不用说卫星电话和先进的天气预报系统了。英国女王因此封他为爵士。后来，他创办了克利伯环球帆船赛，大家都对这位航海界的传奇人物尊敬有加。就算是我们那个心高气傲的加洛夫船长，见到罗宾爵士的时候也像毛孩子一样毕恭毕敬。

拥有这样身份的大人物竟然亲自来给每条船加固？我有点儿蒙。我一边给罗宾爵士打下手，一边和他闲聊。他用从英国带来的大力马绳芯取代原本的金属环扣，一圈一圈地上紧、加固。

“没想到吧？”他一边干活一边说，“金属固然坚硬，但撞击的时候却会产生损耗；绳子虽然柔软，却可以靠着弹性抵消压力，从而更持久、更坚固。”

我说：“罗宾爵士，中国有一位圣人讲过类似的话，一个老头儿指着自己的嘴巴对年轻人说，‘你看啊，我的牙齿都掉光了，但舌头还在’。”

他哈哈地笑起来，像圣诞老人似的。这上结的活不到一个小时就干完了，我目送老爷子的背影离开。

柔软起来，才不会丧失坚强。

我陷入了沉思，忽然听见有人喊我的名字——竟然是2012年和我一起跨越大西洋的最好的朋友杰夫。他听说我们的船会停靠香港进行维修，于是一大早就跑到香港游艇会来看望我。毫无预知地见到他，我真的是高兴极了。那种在海上结伴建立起来的信任，无论时间如何阻隔，我们的友情都不曾褪色分毫。杰夫果然是真朋友，他带了一袋凤梨酥给我解馋。我们兴奋地交换着长久不见的信息。但是很快，在码头上吃了简单的午餐后，我们就不得不挥手告别，因为船队马上就要出发了。

我们在香港仅仅停靠了几个小时，等所有的船只完成加固之后，便匆匆返回船上，启程前往青岛。正如天气预报的那样，风速一路攀升到了 20 节以上，气温也从只穿 T 恤和短裤一路下降到必须穿保暖服加抓绒衣加航海服的程度。气温变化之快，就好像有谁忽然按了空调的按钮。我小口咬着杰夫带给我解馋的凤梨酥，小心翼翼地把这珍贵的能量和友谊全部补充到身体里去。

进入中国后，海图上的每个名字都开始变成我熟悉的拼音和形状——HAINAN ISLAND, XIAMEN, NINGBO, SHANGHAI……向东，再向北，指尖随着海图一路而上，我的眼眶禁不住红了起来。

驶向故乡

图片来源：布雷恩 · 卡林

惊险叠帆

从香港修船出来，第二天中午，我们便到达了比赛的起点。不同于以往任何一次比赛，这次为了能够配合维修，所有的船队需要尽快到达青岛。组委会采取的是计时赛，由竞赛组委会给出起点和终点的坐标位置，船队完成维修后立刻出发，以最后通过终点的时间为准，用时最少的船队胜出。

起航后的一天一夜里，风力一直在令人舒适的十几节上，但是

谁主沉浮

图片来源：明浩

我们一直面临顶风、阴天和大雾，以及不断地同近海渔船和货轮周旋。虽然气温已经明显下降，但是还没有冷到让人难以忍受的地步。我正想象着，如果就像这样一路回家也不错，紧接着，台湾海峡的风暴就如期而至了。

半夜，我们进入了台湾海峡的东南海域，风力开始从 12~13 节一路攀升到 35~40 节。我睡着睡着就觉得床板越来越倾斜，迷迷糊糊中，我摸索着把床板的外缘拉到了几乎和天花板接壤的地步，还是觉得整个人要从床铺上滑出去。大浪哗哗地拍在前甲板上，不时发出巨大的咣当声，整个船体像地震一样摔下几米高的浪。我在床铺上想，这样的风力，1 号大前帆肯定是撑不住的，怕是要换帆了。半夜 1 点半，我被叫醒，我们的班组上甲板接班，但杰斯大叔的班组还是没有下值的意思。果然，1 号帆换 3 号帆的时候到了。

由于这一程只有 13 个船员，每个组只有 6 个人，所以大的换帆动作都会尽量在交接班的时候，两个班组合力进行。前甲板在黑夜中摇晃，甲板灯在漆黑的夜里微弱得好像烛光。大浪不停地拍过来。两个班组的船员协力降下最大、最重的 1 号帆，又在风浪中费尽力气把这面帆拖回中舱。紧接着，主帆缩进一节；再接下来，将 1 号帆叠入帆袋。船体倾斜差不多接近 40 度，又大又重的 1 号帆在重力的作用下不断往低船舷滑去。在这种情况下，人力显得如此微不足道——我们拼尽力气把帆往上拉一尺，船身一个颠簸就轻松地把它往下拽一丈。即使隔着层层航海服，我里面的衣服也被汗水浸湿了，手指被海水泡得发白。大力拉帆之下，我感觉手指上的皮和指甲都要被扯下来了。如此费力地叠着帆，却依然进展缓慢。我们也顾不上帆的形状规整不规整了，能叠个差不多就赶紧拉下一层，只求赶紧完工。

风太大，缩帆一节之后，只剩3/4面积的主帆仍是力量过剩了。2号缩帆绳在狂风中不断地摩擦着缩帆的环扣，船在巨风中暴走。船长在船尾掌舵，依然感到压力巨大。他在舵后面嘶吼着："能不能再缩一节主帆？"

大家看看堆满了整个中舱的1号大前帆，摇摇头——所有缩帆操作要用的缩帆索、上拉索、主帆升帆索，甚至绞盘，现在都被这面庞大厚重的帆盖得严严实实，根本没可能再缩一节。

于是，我们只能抓紧时间继续叠帆。月黑风高、海浪大作的夜晚，每个人都被不时打来的浪浇得透心凉，我们用了接近1个小时才终于把这面大前帆包好下到前舱。此时，离正常交接班时间已经过了一个半小时。杰斯大叔的右舷班筋疲力尽地下值了，我们班组又继续把主帆缩得只剩原来的一半。就这样，"青岛号"在风浪中颠簸前行。

海上活牢

海面上开始明显地变冷了，我们的船已经到了厦门岛和台湾中间的海域了。甲板上依然是狂风巨浪，更艰难的是，气温开始直线下降。没有太阳，一个大浪浇过来，紧接着是强烈的冷风，我一下子就冻到发抖，好像连骨头里的温度都要被这风无情地抽走了。

麦凯乐皱着眉头掰着指头给我计算："我们大概再有 20 个值班就可以到达青岛了，也就是说，每一次下值就意味着离岸又近了 5%。"他那架势就像在手里捏了一截粉笔，一下值就在牢房的墙上狠狠画上一笔。两个月来，原本金发碧眼、干净帅气的丹麦小伙子在船上蓄了一脸浓密的络腮胡，现在活脱脱像个拾荒大叔。"我明明可以端着马提尼酒在菲律宾的沙滩上晒太阳，每天享用海鲜大餐，住高级酒店，游游泳，潜潜水，看小鱼和大海龟在我脑袋上嬉戏……我是哪根筋搭错了才决定把度假的钱用在这种自讨苦吃的航海上的？居然还把这当成给我 30 岁的生日大礼？我一定得写个备忘录，防止自己在 40 岁生日的时候再次做出任何愚蠢的决定！"

我想起了培训的时候，在我床铺的天花板上，有人用铅笔写着"LET ME OUT！（放我出去！）"这条船还真是一座活牢房！

夜里值班，甲板上已经冷到寒气逼人了。主帆三节缩进，只有原来面积的 1/3 大小。大前帆从两天前降了以后就没再升过，只有一面小前帆。风力依然不减，更要命的是，现在居然下起雨来，借着狂风巨浪的力量，细密的雨点迎面吧唧吧唧摔打在我的脸上——这哪里还像雨水，简直就是荒漠里的飞沙走石。我的脸颊被打得生疼，掌舵的时候更是没得躲，只能眯着眼睛，强忍着冰冷的雨水和海浪开船前进。半个小时一轮换舵手，我下来以后，手指冷得都不会打弯儿了，上厕所的时候连衣服都脱不下来。

远远地望去，我已经能看见台北的万家灯火了。多么温暖的陆地！每一盏灯火中都是怎样的人家？他们过着怎样或幸福或孤独的生活？妈妈也在家里这样守着灯，每天准时读着我从海上发来的日记，天天计算着我回家的时间吧？

离终点还有曲曲折折的700多海里，我真恨不得能将时空折叠，眨眼之间就回到家中。

信鸽杀手

过了台湾海峡，随着航线向北推移，一天比一天冷，每天都会下降几摄氏度。

天空是让人提不起劲儿的灰色，低垂的云层映照之下的海水也是灰色的，我们的船像在一盆洗脚水中前进。低气压沉重地压在心头，连呼吸都不顺畅了。船上更加沉默了，已经好几天没有人热闹地说过话了。

忽然，一个影子扑棱棱地落在甲板上。

“嘿，是只鸽子！”大家一下子活跃起来，兴奋地紧盯着它。

“不准带进船舱，想都别想。”船长面无表情地说，“鸽子屎会毁了我们的生活。”他在任何人可能提出任何提议之前，斩钉截铁地发出了命令。

风浪不时地从船舷打过来，大家都可怜这只小鸽子，想给它找个既能避风雨又不影响大家工作的地方。找来找去，我们终于在舵手垫脚的斜木板下找到了一个小空间，这里简直像是给鸽子特意搭

何处是岸

的一个小帐篷，可爱极了。小乔治把鸽子放进去，又在地上放了一团绑帆绳，让它那细小的爪子能够固定自己。

看脚环，它应该是一只来自中国的鸽子。“嘿，你跟着我们就得救了，我们可以一起回家。”我微笑着对它说。

这个小小生命的存在一下子成了这个阴霾天里最暖心的部分，似乎只要看着它、关照着它、保护着它，我们就会莫名地生出力量来。我想象不出这么小的一只鸽子是怎么误打误撞飞到无边的太平洋上的，也不知道它经历了多少风暴和疲惫。还好，它遇上了我们。等它随着我们的船回到中国，飞回主人的怀抱，见到兄弟姐妹时，又该是怎样一种喜悦。

我从厨房里拿出一点儿水和面包屑喂它，它疲惫地看着我，一丁点儿要吃的意思也没有。

“再坚持几天，我们就可以回家了。”我笑着对它说，“胜利在望！”

一个夜班的睡觉过去，我急急忙忙地穿戴好，匆匆登上甲板。

“那只鸽子怎么样了？”我急切地问道。

劳伦斯冲我笑笑，指指舵手脚下：“还在，不过一会儿我们要换舷了。”

“那得把鸽子拿出来，换个位置呀，不然它不得连滚带爬地掉到下舷去？”我边说边向船尾移动。穿着厚重的航海服走在甲板上，我活像身怀六甲的孕妇，才走了几步就气喘吁吁。我跪在甲板上，脑袋贴地才能看见这只小鸽子。休息了一天一夜，看来它恢复了一些体力。

“嘿，小家伙，我们要换舷了，你得换个角落了。”我边说边慢慢地向它伸出手去。它看上去非常温顺，我的手慢慢伸过去，生怕惊吓到它。眼看着就要碰到它了，它忽然拍打起翅膀，跳了一下，跌跌撞撞地飞起来。“啊！”船上的人都惊呼起来，我也愣住了。

小鸽子振起翅膀，从船尾飞出去了。

笨蛋，快回来啊，方圆十海里之内再也没有可以停靠的船了！

我在心里焦急地喊着，喉咙却干得发不出一点儿声音。

我们眼睁睁地看着它只歪斜地飞了两下，就无力地跌落在水面上。一个浪拍过来，瞬间就吞没了它。

海涛依旧，好像什么事都没有发生过。

我感到胸口被巨石压住了一样。

笨蛋！笨蛋！笨蛋！怎么会有这么笨的鸟！

我转过身，强忍着眼泪。

大海，你究竟有没有感情？无论是给予生命还是吞噬生命，你从来都面不改色。今天是这只鸽子，明天是我，对你来说都是一样！就像这毫不讲理的命运一样，吞了我或者不吞，吞了妈妈或者不吞，我们全无招架之力！

那天的值班，我整晚靠在船尾的角落里，没有说一句话。夜里下值，我躺在狭小黑暗的床铺上，伤心极了。我意识到自己在茫茫大海面前的渺小无力，如同我在命运股掌之间的渺小无力一样。

我什么都保护不了。

我哭着哭着就睡着了。

醒来的时候，我看见厨房的壁橱上有几个用黑色马克笔写的大字——

“Vicky，信鸽杀手！”

每个路过厨房的人都会哧哧地笑，除了一脸茫然的我。

愤怒的吼声轰隆隆地在我的脑子里奔腾……敢用马克笔在这条船上写字的只有一个人。

我一边拿着蘸了丙酮的抹布使劲儿地擦，一边在心里恶狠狠地“问候”了船长几千万遍。

第七章

爱是太平洋

我静静地躺在甲板上，看着一片湛蓝的天空。风暴过后，一切都变得如此平和安详，狂风暴雨好像根本没有来过一样。

到处都是熟悉的初春的气息，到处都弥漫着新生的希望。我想

海豚

图片来源：潘平

起雪落在勃朗峰的顶端，形成不可思议的六芒星的形状；我想起踏在一片金黄的落叶之上，每一步都发出沙沙的声响。

故乡熟悉的气息弥漫在海上的空气里。

我，正离你越来越近。

险酿大祸

我的身心已经一再跌落谷底，而真正的折磨仿佛才刚刚开始。因为顶风曲折前进，我们一天一夜直线距离也只跑了100海里而已。中午醒来，我听见甲板上把大前帆升起来了，之后整个船就颠簸得更厉害了。置身狂风巨浪中，我已经累得面无表情，《武林外传》中的大嘴郭芙蓉那一句豪气的“排——山——倒——海——”反反复复在我脑袋里嗡嗡回响。

前方，巨大的风浪增加了前行的难度，而进入中国近海之后，繁忙的海上交通也让夜间值班的难度大大增加。白天我们还可以凭肉眼大约判断距离，而在漆黑的夜晚，我们只靠着星星点点的航行灯根本无法判断距离。一旦发现船只，我们就必须去导航台检查AIS，务必和过往船只保持安全距离。我们一方面要提心吊胆地躲着那些庞大的货轮，另一方面又要小心翼翼地避开各种出其不意的渔船渔网。我焦虑得神经都快崩溃了。

晚上，我的班组带着蒙胧的睡意接过值班，能见度又低到了刷新三观的程度。隐隐约约中，我看见远处好像有个朦胧的亮点。

“我们发现了一条船，似乎正好在我们的航向上。”接替了小乔治成为右舷班值班长的杰斯大叔指着那个亮点说：“我现在下值，正好去导航室帮你看看它的航行信息。”

“多谢了，杰斯大叔，我会通过甲板上的天窗和你保持联系。”我说。

“麦凯乐，你先去掌舵好吗？”我的副手乔纳森今天当了一天“妈咪”班，所以晚上正在享受他的美容觉。我虽然讨厌他，可他毕竟是个好舵手，今晚又缺了这么个人，我的班组就更弱了，我不得不加倍小心。

“Vicky，那条船船速 10.1 节，离我们 3.4 海里，预估 CPA（最近会遇点）小于半海里。”杰斯大叔通过导航室的天窗向我喊道。

“这么近！”我心想，我们现在刚好顶风行驶，能够避开的角度非常有限，最安全的方法是呼叫对方改变航线。

“杰斯大叔，请从无线电台呼叫他们，看他们是否可以调整航线，和我们保持距离，好吗？”我说道。

他做了个“OK”（好的）的手势，紧接着就拿出对讲机，开始呼叫对方。

然而对方没有反应。

只有 3 海里，两船相撞就是十几分钟的事儿，我的心一片焦急，不时地抬头瞄向那个亮点。灯光已经从白色变成了红色，那正是它的左舷灯啊。

忽然，无线电台传来吱啦一声，一个带着印度口音的人开始回

浓雾中的摸索
图片来源：江泳涛

复了。

我紧绷的心一下子放松下来，趴在天窗上听他们在电台中一来一往的沟通。

晓虎哥在我背后喊起来："Vicky，Vicky，那条船很近了！"

"好的，我知道，杰斯已经和他们取得联系了。"我头也没抬地回复道，同时紧张地关注着杰斯和对方的通话。

过了一会儿，杰斯如释重负地挂上无线电，抬头冲着我说："他们会调整航线，避开我们！"

我正在欣喜中，又听见晓虎喊道："Vicky，Vicky，快起来！"

我一抬头，天啊，心瞬间提到了嗓子眼儿。那船已经近在眼前了，即使在黑暗中也已然可以看见它十几米高的船身轮廓和亮得刺眼的左舷红灯。

“往右！往右！”我跳到麦凯乐的身边，不等我说，麦凯乐几乎是在同一时间把舵轮大幅度地往右边打。我们本来已经是近顶风行驶，这下船头更是偏近了风向。顷刻间，我们的船身倾斜得更厉害了。这已经是我们在不过帆的前提下能避让的极限了。

几秒钟的时间里，我的脑子一片空白。听天由命吧！

我们的船紧擦着那条船的尾巴冲了过去，最近的时候，两条船之间不过 10 米。我清楚地看见对方船尾两个引擎高速运转时排出的巨大水花。我吓出了一身冷汗，全身的肌肉都在肾上腺素瞬间的刺激下绷得生疼。

我们险些酿成大祸，如果撞上去，后果简直不堪设想！

良久，我才恢复了语言功能。“谢……谢谢大家，”我说，“多亏了你们。”

我惭愧极了，这个我自己都看不上的团队救了我，救了一船的人。

魔鬼的游乐场

风力一直在 30~40 节徘徊，船上的东西开始不断地在巨大的颠簸中崩坏。桅杆顶上的风向标三天前就被吹折了，接着，右舷的罗盘灯也坏了，只能临时用胶带粘了个头灯凑合。放在船尾的煤气罐

魔鬼的游乐场

图片来源：明浩

因为船颠簸得太厉害，不知道哪里开始漏气，原本够用一个月的四罐气现在只剩最后一罐了，我们只能非常节省地使用，每次做完饭都要让人关上船尾的总阀门，下次做饭的时候再打开。这件事情说起来很简单，可在这种狂风巨浪的条件下，偏偏放煤气的一侧是低舷，浪花没命地打上来，去开关煤气的那个人就像在游泳池里搏斗一样，每次都会全身湿透。

和岸上的卫星通信再次中断了，媒体电脑也坏了，不知道是哪里把线颠断了还是进了水，到处都是一片湿。甲板上面一片汪洋，甲板下面四处漏水，连睡觉的床铺都是湿的。我身上的衣服里里外外总是湿的，墙上渗进的水淌成小溪，而我们的肉身在重力的作用下就是擦来擦去的抹布。

晓虎哥病了，从早上开始就一直躺在床上，一整天也没吃东西，也许是着凉了。甲板上面狂风大作，甲板下面地震不断。今天和小乔治一起当“妈咪”班，我连头都没有探出过船舱。甲板上活脱脱就是魔鬼的游乐场，好似世界末日。这种排山倒海的环境让每个人都有点儿歇斯底里，布雷恩在厨房放起了重金属摇滚，一时间，我们好像穿越进了“黑色安息日”[①]的 MTV（音乐电视）。

人这一生，最大的礼物也许就是知道自己总是要死的。

死亡从皮肤的皱褶里，从阴暗的床脚边，从潮湿的甲板下爬上来，你无法抗拒，无处躲藏。你已退路全无，只能眼睛一闭、脖子一梗，嘶吼道：“来呀！”

就算是魔鬼的游乐场，我们也要战斗到底！

从甲板上下值的船员一个个身上淌着水，筋疲力尽，他们看着我和小乔治歇斯底里地跟着摇滚乐摇头晃脑，也忍不住跟着我们大笑起来。

---

① 黑色安息日（Black Sabbath），英国一支重金属风格摇滚乐队。

青岛，还有 548 海里。

回到故乡

妈妈的头发剪得更短了，真人看起来比视频的时候又消瘦了一些，但她精神很好。一起陪着她来码头迎接我的是玫瑰联盟的姐妹们。大家用身体隔开记者和热情的人群，让我和妈妈能好好抱一抱。

她穿着从头包到脚的羽绒大衣，戴着一次性无菌口罩，穿过重重人群，紧紧地抱着我，然后迫不及待地塞给我一个压岁红包，说：“丫头，这是过年给你留的！”

这个世界上，再没有比爱更重要的事情了。

等到家里的客人都四散回去后，妈妈说：“晚上你和我一起睡吧。”

我已经好多年没有和她同床睡过了。我拉着她的手，温暖得就像小时候。

她在黑暗里摸索着我手上的茧子。

“这手都磨粗了。”她叹了口气说，“母女连心啊，你每次的委屈我都知道。”

我抱着她瘦削的身体，记忆中，我永远需要仰视和服从的她现在变得比我小多了。

“说真的，如果不是为了等你，有时候我真不想治病了。这世上

爱是太平洋

怎么会有治不好的病呢？真不好玩儿……”她在我身边突然崩溃得像个小女孩儿。自她患病以来，她从来没有在我面前哭过。我的心被狠狠地揪着，充满了愧疚。

“妈妈，我留下来陪你！”

她渐渐地止住了哭泣，又变回了大人。

“你得去！”她说，“那么多人看着咱们，咱不能半途而废。大家给我捐了不少医药费，街坊邻居说起你来都直竖大拇指，还有很多年没见的亲戚朋友看了电视上的报道也都跑来看望我。妈妈都跟着你变成明星了，真心为你骄傲。”

我的眼泪像断了线的珠子在黑暗中无声地滚落。"还有三个月，妈妈，比赛一结束我就回来，寸步不离地照顾你。你好好的，等着我。"

"嗯，一定，妈妈保证。"

离家半年多，这次船在青岛只停了三天半。时间虽短，它却是我人生中最珍贵的一次靠岸。和妈妈在一起，每一天我都被所有关爱我的人感动着——亲人、朋友，还有那些充满善意的陌生人纷纷送来祝福。我像一节近乎耗尽的电池，在故乡强大的充电桩里迅速恢复了生机和能量。

小乔治去了晓虎家做客，两个人冰释前嫌。我们在列依酒吧一起给小乔治庆祝 19 岁的生日。半年来，海上的历练让他变得肩宽体阔，和当初从伦敦起航时那个瘦弱的男孩已经判若两人。

更惊喜的是，我们见到了彼得爸爸。他说自己回英国休息了几周之后就决定飞到青岛归队，继续完成航行。

人群之中看见了丹，我说："真抱歉，本来说好到了青岛请你吃鲅鱼水饺，结果食言了。"他笑了笑说："没事儿，咱们旧金山再见。"

青岛冷得像个冰库，而我呼吸着凛冽干净的空气，抑制不住地从心底露出满足的微笑——只剩两个赛段了，很快，我就会真的回家了。

再赴征途

无论之前练习了多少次，告别青岛对我来说都依然是最艰难的一次。

我在船舷上和前来送行的亲友们拥抱告别，告诉他们别伤感，还有三个月我就会回家。

从青岛出发之后，我们将面对浩瀚无际的北太平洋。过了日本之后，就再也没有可以停靠的陆地了，我们要在寒风中一路向东，直至4500海里之外的美国旧金山。

在这一赛段，彼得爸爸回归了，安德里亚回归了，华裔船员乔恩回归了，新上船的船员中有两个中国船员——刘军和王务崇，还有一看起来就很好相处的尼克。让我头疼的乔纳森又被分到另一个值班组了。我的精力恢复了，心里也更踏实了。

这简直就是一个春天般的开始！

按照以往的经验，每个赛段都会有一项独特的考验。我有点儿骄傲，也有点儿好奇。半年来，我已经经历了那么多——习惯了狂风巨浪，甩来打去是家常便饭；甲板活干得越来越好，人云亦云的时候越来越少；玻璃心碎成渣渣无数次，忍耐力不断提高，幸福起点不断降低；责任越来越多，孤单越来越少。

"老天，这次您还要考验我什么？"

而蠢到能问出这种问题的我，实在是太傻、太天真了……

一出青岛便是没完没了的大雾，整个世界就是一个半径20米的牛奶瓶。极低的能见度和中国近海防不胜防的渔船渔网让组委会担心不已。最终，组委会决定，所有船只先开动马达，待驶出近海之后再开始第六赛段的比赛。

就在这个时候，我们的马达首先遇上了麻烦。

一个浪头过去之后，我们的船被打了一个趔趄，接着像是被什么东西拖住了后腿，船速从 7 节迅速下降到 2 节，发动机发出像过载的洗衣机一样的哼哼声。船长来来回回发动了几次油门，依然没有起色。螺旋桨似乎被什么东西缠住了。紧接着，船长消失在甲板下面，他再次出现的时候，手里多了一个绑在杆子上的小型防水摄像机。他把摄像机放进水里，拍了一下水下的情况。果不其然，螺旋桨被一大团渔网缠了个结结实实。

水温只有 10 摄氏度，新船员尼克全副武装之后，下水折腾了近半个小时，最后无功而返。停了发动机，我们只能用帆前进，而且，在开到旧金山之前，我们恐怕都没有办法正常使用发动机了。

没有发动机会有多被动？

嗯……比如，进不了港；一旦出现危险，我们将没有备用动力可用；如果人员落水，我们可能无法及时施救。

可能性太多了，我才发现，当下我们别无选择，只能战战兢兢地前进。

这次比赛开始没多久，我就病倒了。我的身子像被压路机碾过了一样，嗓子剧疼，脸肿得像猪头，人也一下子没了精神。偏偏这几天的伙食就是我最厌恶的食物大荟萃——没完没了的意大利斜管面，没煮熟的米饭拌番茄酱，还有煮成一锅疙瘩的面条。我病得连吐槽的力气都没了，一点儿食欲也没有，叹息着吃上两口就把饭全部倒掉了。

一下值，我就身心疲惫地倒在床上。温暖狭小的睡袋像蚕茧一样紧紧地包裹着我，让我沉沉睡去。

妈妈，我会变成萤火虫吗?

闭嘴!

过了韩国南部的济州岛，中午，我们经过了日本九州岛南部的大隅海峡，接下来便是沿着日本东海岸往东北方向前进。下午，我正在导航室看着海风预报，野心勃勃地研究着航线，船长就进来了。

我指着海图上的风标说："看来，近岸风会增大到35节左右，如果我们按照原来的计划先东行，还不如先从角度偏北的方向获得的风更有利。而且，这之后我们基本可以一路追着这股低气压的强风前进，再加上日本南岸北上方向的涌流，速度应该很可观。"

船长饶有兴趣地看了看我，说："我也是正准备再考虑一下这条航线的。"

没多久，船长下令，我们的航线从090改成060，我小小地得意了一下，为自己在导航上的长进感到特别开心。晚上，当预报中的风压从平面的数字变成三维立体的现实时，我就只剩苦笑了——天色欲晚，狂风巨浪排山倒海，船长可以缩在他的被窝里睡暖和觉，而我苦命的班组就要值调整航线后的第一个夜班了。

我们一上来，先赶紧把主帆缩进了一节。我挣扎着掌舵，半个小时就筋疲力尽了，只能赶紧换人。我坐在主缭旁的地上，一个个大浪劈头盖脸地从天而降。甲板上和山洪暴发一样，海水稀里哗啦淌了一地，这简直就是南大洋情形的重复——又湿又冷，度日如年。我的整个脸都缩在航海面罩的后面，只有眼睛那里留了一道缝，水还是汩汩地灌了一脸。

“我再让你嘴贱！我再让你嘴贱！”我在脑子里拼命地抽自己大嘴巴子。

风速 30~50 节，船速 15 节左右，我们居然还敢用 1 号大前帆加一节缩进的主帆。这种风暴天里自杀式的用帆计划让我们在无比癫狂的暗夜里一路趔趄着狂追猛进，竟然接连追赶上了几条克利伯的赛船。

然而这还不算什么，第六赛段更多的“惊喜”才刚刚拉开帷幕。

被雷劈了

值班时的气温变得越来越低，一个大浪打过来，把我从头到尾浇湿，紧接着，冰冷的海风吹过来，迅速把我身体里的热量抽走。甲板上待半个小时就已经冷得不行了，更不用说在伸手不见五指的夜里值班，简直就是煎熬。棉手套是最没用的，一个浪打过来就湿透了，比不戴手套还冷。我干脆把厨房里用来洗碗的橡胶手套拿出来戴上，别说，用橡胶手套防风防水还真管事儿！

我不停地鼓励着自己："明天就轮到我当'妈咪'班啦，可以一整天一整夜不用上甲板啦，再坚持坚持……"远处，一片巨大的带着闪电的积雨云就在我们正前方。我最先看到的就是闪电那耀眼的白光，隔着还有几海里，黑暗中那白光伴随着哗啦一声闪过，甲板上所有人的眼睛瞬间就盲了。这片雨区不正在我们的航线上吗？我暗暗担心，便问值班长彼得："老大，你看要不要叫醒船长，看怎么避开这片雷雨区？"

彼得爸爸犹豫了一下，说："应该没事儿，继续开吧。"

在这片漆黑的夜里，异常诡异，忽然，我们的船就从飞奔中晃晃悠悠地慢下来。新船员还在纳闷这种没道理的变化，而我和一帮老船员的汗毛都开始竖了起来。我们离这片积雨云越来越近了，两股方向不同的风相遇的时候会在相遇的外缘对冲，从而产生一段无风带，这短暂的平静将在瞬间被掉转方向的狂风取代。

我正在掌舵，一边提醒甲板上的大家各就各位、提高警惕，一边小心翼翼地前进。海上的暴风雨我也见过不少了，但是这种打着闪电的神秘雷雨云真的不是我的最爱。闪电越来越近，紧接着，连雷声也听得到了。半空中的云层剧烈撞击着，那种巨大的沉重雄厚的低音摄入耳膜，震耳欲聋，整个船体都仿佛随着重音颤动。闪电如炸开的烟花一般在毫无遮挡的海天之间，哗啦一下就是一片纯白的光亮，紧接着，就是片刻的失明，我们的眼前陷入绝对的黑暗，直到几秒钟后重新慢慢适应微弱的光线，才能渐渐看见船的轮廓。

开着船向着一片绝对的黑暗驶去，在大自然的伟力之下，每个人都觉得自己渺小如蝼蚁。

说时迟，那时快，忽然，没有任何征兆，风力一下子暴涨到十几节，并且从侧顺风一下子变成侧迎风，几乎掉转了 90 度。紧接

雨

图片来源：明浩

着，暴雨就来了。

冰冷的雨水立刻让我的手冷得没了知觉。21 点 50 分，另一个值班组的人纷纷上了甲板，我几乎是把舵一股脑儿地塞到前来接班的凯斯手里，自己如释重负地下甲板去了。

刚下船舱我脱下航海服，去厕所的工夫，只见一片耀眼的白光闪过，厕所的灯一下子灭了。我赶忙出来看，整个厨房和沙龙的灯也都灭了。

“我们被雷劈了吗？”这句话没经过我的大脑就从嘴里跑了出来。

“对，被闪电击中了！”我们组的几个船员既有点儿恐惧又有点儿莫名兴奋地回答我。

我无语（实际上我满脑袋“黑线”——你们这群人到底哪儿来的兴奋）。

这个时候，如果不是因为停电导致一团漆黑，我们应该可以看到一股黑烟从导航室袅袅升起——闪电从桅杆直击而下，一路烧了桅杆上的导航仪表，整个左舷的电力系统和导航室里的导航电脑、GPS、AIS、雷达、无线电通信全被烧焦了。

船长迫不得已醒了，他一边感叹睡觉的时候总有“惊喜”，一边摸黑进行设备检查。不幸中的万幸是，右舷的电力系统维持尚好，右舷系统上的卫星电话、冰箱和制水机也幸存了下来。这至少保证我们还有水喝、有肉吃，能和岸上取得联系。

还不算太糟嘛，我无奈地笑了笑，心想：“我还以为我们会变成一船烧烤人肉呢。”

第二天，我值“妈咪”班，船长在导航室吭哧吭哧地修着电脑。我们铺了临时电路——在厨房里拉了个搜救灯，先用来晚上照明吃饭，厕所里又放了个手电筒。

太阳一落山，大家就集体变“盲人”。

这能怪谁呢？谁让我们下雨天擎着桅杆那么一根巨大的避雷针跑过去，生怕闪电找不着我们似的。

现在，船员和岸上最主要的邮件通信联系又中断了，导航室里也是一片狼藉。船长除了睡觉就是窝在导航室里吭哧吭哧地修来修去——他在船上备用的笔记本电脑上安装了导航系统 SeaPro，用以唤醒他备用的手持 GPS，手动输入坐标位置，这样算是临时解决了我们的位置信息问题。

让人哭笑不得的是，我们被雷劈的时候，恰好是英国时间星期五晚上。所以，当船长联系上组委会的时候被通知：能提供远程技术援助的专家要等到星期一早晨上班以后才能联系上。得到这样的回答让我们既绝望又无奈。

各种现代化的风向风速的仪器仪表在到旧金山之前是没有希望恢复了，我们只能靠着一个晃来晃去的罗盘和原始的纸质海图继续坚持比赛。没有气象气压预报，也没有其他船队的位置信息，我们就谈不上什么航线设计和战术战略了，只能在 090 的航向上一头扎过去。

一切精湿

图片来源：明浩

湿到崩溃的低气压风暴

我的早餐是新鲜出炉的厚切面包片，涂上厚厚的一层颗粒花生酱，一杯加奶不加糖的热茶。如果今天的风浪劈头盖脸，那就再多抹一层花生酱。“妈咪”们担心地看着我：“Vicky，你还能看见面包吗？”瞥了一眼外面灰色的天，颗粒花生酱能让我片刻逃离现实，好似上瘾症，戒也戒不掉。

“瘾”这件事，包括抽烟、蜜糖、性爱。在压力之下，从某种程度上讲，我们其实都有那么一点儿自毁的倾向，仿佛可以通过这种一点一点自毁的方式获得平衡，给自己一些勇气。那副架势，仿佛在装腔作势地说：“宝宝连死都不怕，还怕什么？”

一个星期以来，我们像着了魔一样追逐着狂暴的低气压风暴。天永远是灰的，一切都是没完没了的湿。甲板下面也是汪洋一片，墙壁是湿的，水顺着墙滴滴答答地流下来，睡袋也被打湿了。

一觉醒来，我内衣的领口和袖口还是没能用体温捂干，湿乎乎地贴在我的脖子和手腕上，难受得要命。风暴始终不肯停歇，连保暖的中层棉衣也被不断渗入的海水打湿了。上值的时候，大家都是一脸厌恶地把湿乎乎的航海服再穿上。此时的航海服带着一股腥臭的海水味，一贴上脖子，还没开始上值，人瞬间就已经崩溃了。

身体上的各种不适会迅速转变成心理上的不适，每个人都不自觉地皱着眉头——礼貌变成了稀有物品，保持距离成了天方夜谭。

不论白天还是晚上，雨没完没了地下着，大浪不时地从背后浇过来，值班的人连动也懒得动。下得大的时候，雨点居然可以像小石子一样凶狠，掌舵的人更是煎熬——既不能躲，又不能挡。意大利船员安德里亚边开船边哀号："老天，我的眼珠子都要被打出来啦！"

旧金山，还在遥远的 2900 多海里之外。

小胜冤家

二十几节的顶头风，风向不是很有利，我们只能用一个很小的迎风夹角的角度来跑船。没有星星和月亮，夜色漆黑如墨，舵手只能根据风扑面的感觉和晃来晃去的罗盘对方向进行判断。那晚的风真的很奇怪，迎风开着开着，一不小心舵就滑过了界——迎风换舷了，船速立马降下来。迎风折腾一顿，又是紧急过大小前帆，又是再次迎风换舷。返回原航线，一来一去，耗费了不少时间。我不得已去把船长摇醒，向他请教。

几个小时之后，乔纳森的值班组上甲板来接班了。

“我这一觉睡得不安稳啊，”乔纳森说，“角度晃来晃去的。”他那副不屑的表情好像在嘲笑我们干得很差劲，还得靠他的班组来拯救全船似的。

我强忍着想把他推下海的冲动，说：“今晚情况特别，如果船不小心迎风换舷了，迎风是没办法再偏回去的。顺风下去，转个大半圈就能解决问题。”

“谢谢，舵手更换！”他大嗓门一吼，便从我手中接过了舵。

我摸着黑跟着我们的组员最后一个爬下了甲板，大大地松了口气。又一个值班结束了，只有下值的时候，我才有片刻轻松。我倚着船壁，看着泛着红光的船舱里的人影憧憧，紧绷的神经一点一点地放松下来。

……

“9。”

船舱里亮着暗红的灯光，只给出足够的光线让下值的船员把衣服换下来。暂时脱离黑暗的舱室狭小却温暖、安全。

“8。”

大家挤作一团脱航海服，炉灶上烧了一壶热水，不知是谁的袜子，臭得要命。

“7。”

小乔治给自己泡了杯睡前的热巧克力，劳伦斯把他湿透的手套塞进热乎乎的发电机室。

“6。”

我左摇右晃地穿过那些正在努力把自己从航海背带裤里挣脱出来的船员，回到休息舱。

“5。”

彼得爸爸挤眉弄眼地说了句“睡个好觉”；布雷恩拉紧帘布，掏出平板电脑开始读书。

“4。”

导航室里的电脑还亮着，我做完最后一小时的航海记录，把本子塞到桌下。

“3。”

休息舱里弥漫着睡眠时特有的沉重的味道，温热、浑浊的气息带着一种让人舒适的安全感。

“2。”

我调整床板，摊开睡袋，爬上狭小的床铺，闭上眼睛，默默计数。

“1。”

……

忽然，原本侧倾斜前行的船体划过了一个角度，之后开始恢复平衡。几乎在同时，我听见甲板上有人大喊：“意外过帆了！”紧接着，我头顶的甲板上传来手忙脚乱的声音，船速开始下降，一节、两节……我们依然在错误的航线上。

我想象着乔纳森这会儿正在拼命地把舵往回打，试图原路返回。但是，在风力的反作用下，船头无论如何都无法再次越过正顶风回到正确的航线上。一切都是徒劳。我暗自数着数，看还有多久他才会尝试我诚恳的建议。

船忽然停止了挣扎，只听得乔纳森的大嗓门在舵上喊道："中舱不要换前帆缭绳了，我们顺风下去！"紧接着，船体开始向顺风侧偏转，画了3/4个大圆后回到了正确的航道上。船速开始提升，又像小鹿一样迎风跳跃着前进了。

我在黑暗中扑哧笑出声，嘴巴咧到了耳朵根儿。我已经几个月都没笑成这样了。那个晚上，在我半醒半睡之间，他们组总共意外过了4次帆，和我们组相比，一次不多，一次不少。

再次负伤

清晨，我们跨越了180度经线（国际日期变更线），从东经变成了西经，日期也从31号往前跳了一天，变成30号。从青岛出发以来，狂风巨浪已经成了家常便饭。我无比期待今天的"妈咪"班——可以又干又暖，连着24个小时不用上甲板，这简直是我继续活下去的理由。

清晨，我和劳伦斯一起给两个值班组的人做好早饭，准备再上床眯一小会儿。刚准备进舱室的时候，船身毫无征兆地来了一个剧烈的颠簸，我的手在空中茫然地挥舞了一下，但什么也没抓住。噔噔噔接连几个倒退，我重重地摔到船的另一边，然后一屁股坐在了下舷突起的隔板上，钻心的疼痛让我整个人一下子就歪在了地上。劳伦斯和安德里亚赶紧过来查看我的情况，我疼得一直倒抽冷气，什么话也说不出来，在原地趴了好一会儿。这一次，我伤到了尾椎骨，好不容易哆哆嗦嗦地站起来，路都没法走了。劳伦斯让我赶紧上床去躺一会儿。

我的床是上铺，爬上床几乎用尽了全身的力气，而且用了惨不忍睹的脸先贴床的造型，因为下半身完全用不上力。我擦了云南白药，迷迷糊糊睡了一会儿，梦里都在疼得流冷汗。下午，大家闻讯而来，纷纷向我献上各种止痛药。我来者不拒，统统吃下去，只想快些好起来。

中午和晚上，劳伦斯一个人承担了“妈咪”班的做饭和清洁工作，好心地让我留在床上休息。我趴在颠簸狭窄的床板上，疼得连翻身都翻不了了——这是我自开赛 7 个月以来最严重的一次受伤，来得完全出乎意料。

而且，我的受伤似乎只是一个序曲。随后，在“德里－伦敦德里号”（以下简称“德里号”）上又发生了一个惊心动魄的大事件，所有人都不由得倒吸一口冷气。

有人落水了

我从噩梦中醒来的时候，就感觉船上的气氛不对头——船员们在低声耳语，空气中弥漫着紧张和焦虑的气氛，无线电里吱啦吱啦不断有信息传过来。等我回过神来，便听见有人说：“MOB 了！‘德里号’上 MOB 了，人还没找到！”

“啥，MOB 了？”我愣了。

远洋比赛中最可怕的噩梦之一就是 MOB——man over board，即人员落水。虽然在培训中我们至少进行过数十次 MOB 演习，所有人也都知晓人员落水后的各项操作，但是当有人真的落水时，很多人依然只会像受惊了的兔子一样愣在原地，大脑一片空白。

跨越大洋的比赛，船员在狂风巨浪中落水是不能想象的凶险。三四十节的风，十几米的大浪，海天之间一片白毛样的水雾，能见度不过三五米。如果有人落水，那么他瞬间就会消失在所有人的视线中，并且寒冷刺骨的海水会在短时间内带走落水者的所有体温，紧接着就是失温症、昏迷、溺水。生命从有到无，不过十几分钟。

据无线电里传来的消息，“德里号”上的安德鲁在前甲板换帆时，被大浪卷入水中，现在船队依然在狂风巨浪中搜寻他的踪迹。

“安德鲁？”大家都是环球船员，我用力想了一下，对了，他是“德里号”上那个爱尔兰大叔。他 45 岁左右，身高体壮，而且因为他那油光锃亮的大光头，船员们都开玩笑地称他为“土豆头先生”。

我和他不太熟，但印象中他是个很直爽的大叔。

“他怎么会被卷走呢，难道他没挂安全索吗？”我问。

为了避免MOB，比赛有一系列硬性规定：第一，去前甲板时必须挂安全索；第二，天黑之后值班必须挂安全索；第三，在风暴天气和所有你自己觉得不安全的天气条件下，不论何时都必须挂安全索。目的很简单——把人和船连在一起。

“听说他挂了安全索，但是安全索的头弹开了，肯定是没挂牢。”有人回答。

我一听就明白了，安全索的一头连接在船员的救生衣上，另一头需要船员自己随时挂在船上的固定绳上，随着人在甲板上移动，他也要不断调整挂安全索的位置。船上的固定绳是特制的，能承受几百牛顿的力，固定绳的形状不是圆形，而是三四厘米宽、扁平状的。每个全程船员多多少少都有过这样的经验，挂索的时候如果不注意，索头可能会卡在固定绳一半的位置上，看上去像挂住了，实际上并没有卡到底，只要一用力就会挣脱出来。所以，“通常情况下”，挂锁之后我们都会再用力拉一拉，检查一下。理论都是简单的，可是在这种狂暴的天气里，前甲板混乱的程度可想而知，人要一路爬着去最危险的前甲板，大浪像一堵水墙一样凶狠地扑过来，可能出现的意外太多了。

时间一分一秒地过去。狂风卷着巨浪在船侧呼啸着，从头顶传来轰隆隆的海浪声，时不时摔下一个巨浪，让整条船都颤抖不已。这里是冷的、湿的、绝望的世界。甲板之上，稍有不慎，我们每个

相濡以沫

图片来源：明浩

人都可能是那个落水的安德鲁。大家的心情变得异常沉重。我们无法想象落水的安德鲁如何恐惧地望着离他远去的船，甚至不能想象“德里号”上的船长和所有船员现在正承受着怎样大的压力进行搜救。

时间一分一秒地过去，随着每一秒钟的流逝，安德鲁生还的希望就变得越来越渺茫。只有七八摄氏度的水温，即使是奥运游泳冠军也会在十几分钟内因知觉麻痹而昏迷。半个小时过去了，一个小时过去了，有的人已经开始难过得掉眼泪——只怕现在即使能找到人，也是一具冰冷的尸体了。船上备有裹尸袋，我们每个人都是知道的，但是想象着和自己朝夕相处的同伴躺在里面，谁也受不了。

忽然，无线电里传来安德鲁获救的消息，这简直太令人难以置信了！安德鲁在落水近一个小时之后终于正确启动了绑在救生衣上的个人定位装置，船队在收到他的位置信号之后马上赶到了他的身边，在巨大的风浪中尝试了三次，终于把他从海里捞了起来。这个幸运的家伙落水的时候刚巧穿着一套从头包到脚的干式航海服，航海服中的空气隔层减缓了体温的流失。被救起的时候他的意识还是清醒的，除了落水时腿被舵叶撞断了，没有其他大伤。真是不幸中的万幸！

船上所有人都抑制不住自己的激动和欣喜，我们互相拥抱，为这个奇迹般的救援欢呼起来。可以想象，“德里号”上的每个人都已经热泪盈眶。我们几乎要失去他了，但是他没有放弃自救，他的队友也没有放弃搜救。在这场自然的灾难中，这一幕比所有的电影都真实——我们每一个人都把自己当成了安德鲁，或是风暴中去搜救他的同伴。

这个幸运的家伙获救了，这真是天大的好消息！

绝望的疼与痛

话说安德鲁获救了，让我们所有人都松了一口气，然而，这并不能让我的伤迅速好起来。有着行医经验的乔恩替我检查了一下说：“你可能是尾椎骨骨裂。可是，伤在屁股这个位置，就算是在岸上也不能打石膏。”

“即使是在陆地上也没有更好的办法，”乔恩说，“唯一的办法就是卧床休息。”说完之后，他耸耸肩，为这句治疗方案的苍白感到无能为力。

“卧——床——休——息？”我无语，仰天一笑泪光寒——在全自动滚筒洗衣机一样的船舱里，你好意思跟我这么讲?!

值班长彼得很为难，他一面安慰我，让我休息养伤，一面望着头顶上鬼哭狼嚎的风浪犯愁。在又冷又艰难的第六赛段，我们本来就人手严重不够。在这种恶劣的天气里，在甲板上我们面对面说话都要靠吼，新船员连指令都听不利索，而我们这些老船员互相比画个手势就能心照不宣，所以默契才是风暴中的刚需。

凶残的东北风从船侧吹过来，卷起十几米的浪，船摇摇晃晃地行驶着。在这种情况下，舵手不仅需要有极高的专注度，能够稳稳地把船控制在航向上，还要从容应对像水山一样的巨浪，让船身斜侧在一定的角度上浪，等开到浪尖上再反方向斜侧滑下来。整个过程，舵手既不能把着舵硬碰硬，又不能给船太多的自由，因为一旦失去控制，便极有可能顺风过帆，对船造成极大的破坏。（这种痛苦的经历在第三赛段的南大洋上几乎是隔三岔五地发生。）当然，还有更糟糕的情况，如果在应对巨浪的时候，舵手没有控制好上浪的角度，一个突如其来的大浪就极可能把船从旁侧掀翻。虽然龙骨船都有翻滚后自动扶正的设计，但是，一旦船在海中翻了 360 度，再次回正也十有八九会折断桅杆，导致船舱进水、电子仪器被烧毁，从而丧失通信，让船与人在一片汪洋中陷入巨大的危险。2010—2011 届克利伯环球帆船赛中的“加利福尼亚号”就是一个活生生的例子。

毫无疑问，新人掌不了舵。我们组除了我就只有老布雷恩和彼得可以胜任舵手了，偏偏我又伤到不能走，值班长彼得现在一筹莫展。我何尝不懂他的心思呢？可是我只能趴在床上听着巨浪声，心里挂念队友在甲板上的活动。算了，在床板上趴着也着实辛苦，于是，在休息了 6 个小时之后，我就吃了双倍的止痛药，歪歪扭扭地挣扎着回到了甲板上。

“虽然受伤，但我还可以掌舵。”我爬上甲板说，彼得感动得使劲儿搂了搂我的肩膀。

感激归感激，他们讽刺挖苦的风格却始终没变。连日来，我的屁股成了大家茶余饭后的谈资和主要“慰问对象”。

“Vicky 的屁股怎么样啦？”彼得做着鬼脸。

“Vicky 的屁股有没有好些呀？”小乔治嬉皮笑脸地打趣。

“&*@# ￥￥%……”吉米和尼克说。

“嘿！嘿！”我一边疼得哭笑不得，一边说，“你们这群人还有底线吗？”

你们的血管里淌的都是番茄汁吧？

……

受伤的这 8 天，我感觉像煎熬了一个世纪那么久。扑热息痛（对乙酰氨基酚）每 6 小时吃一次，芬必得（布洛芬）每 8 小时吃一次，疼痛却依然没有丝毫减轻，医药箱里的止痛药也已经所剩无几。

每次想到“卧床休息”这几个字我都会苦笑，且不说无论白天还是黑夜，我们 4~6 个小时就要上一次值，单单上床这个动作对我来说就是极大的挑战了。而且船还在大角度地倾斜着，我的床正是高舷的上铺，这对我来说简直就是高不可及——我把手举到最高，指尖才能勉强够到床边，床板和天花板之间只有一道 20 厘米宽的缝儿让我把自己塞进去。我每次都是一番挣扎，跟小蛤蟆一样，四肢并用，仪容尽失地爬进床。想在狭窄的床铺上找个舒服的姿势歇着也不容易，左摇右晃，怎样都是疼，我趴着才能睡过去，醒来时胳膊都麻了。

连续一周，日夜不间断地服用强力止痛药已经开始有了副作用，我所有的感官都变得麻木了，脑袋也是昏昏沉沉的。我试着在睡前减少止痛药的用量，可是，睡着睡着竟然会从梦中疼醒过来，只好又补上几片。每次上值之前都是我最害怕的时候——我要弯腰穿裤子和靴子，每个动作都会疼得我倒抽冷气。有几次，我真的是又气又恨，眼泪都掉下来了，可是只能让自己倚着墙强忍着。疼得不能坐，上值的时候我就干脆一直在船尾站着，谁知这一站就站了整整一个月。

我已经疼得麻木和绝望了，我开始从身体到精神上全面萎靡。

好像恋爱了

旧金山终于就在200多海里之外了，按照正常的速度，再有一两天就可以靠岸了。因为受伤，我已经吃光了船上的止痛药，等不及上岸，只能执行“卧床休息”的治疗方案了。在这一赛段，因为我疼到不能坐，航海日志也几乎停滞不写了。

随着船离陆地越来越近，我的心也开始骚动起来——到了旧金山，就能再见到丹了。青岛一别近30天，我心里却一直挂念着他。虽说那天在列依酒吧里，他好像对我表达了超出队友层面的好感，但那句“要不要和我在一起”会不会只是酒后随便说说的？一路上，我没少在脑海里反复回放，偷偷开心，但是又忍不住担心，真要再见了他，会不会已经物是人非了？在海上谈个恋爱可不容易，更何况腰伤又极大地限制了我的行动能力。

每个值班结束，我都会去导航室溜达一圈，做完航海日志就在海图上看看“佳明号”离我们有多远。我以前不太关心他们的成绩，因为“佳明号”确实是所有船队里最命运多舛的一个——整个比赛期间换了四任船长，而且每段比赛几乎都在队伍尾巴上，对“青岛号”的位置构不成威胁。但是现在不一样了，因为丹，我开始关心起“佳明号”上的一切。因为我有媒体邮箱的管理权，所以可以看到船长们每天对外发布的日志。其他船队的我会一律直接跳过，“佳明号”船长的日志则是必读的。每当船长之间通电话的时候，我也会竖起耳朵仔细听有没有“佳明号”的消息。趴在甲板上没事的时候，我就会想，丹此刻正在他们的船上经历些什么呢？他有没有也像我一样在偷偷地关注“青岛号”的行踪，计算着我们到港的时间？

尼克叔叔看我总是在掰着指头倒计时，打趣地和我说：“怎么着，就你这尾椎骨都裂了，到了旧金山还有什么想法不成？”

我哈哈笑着，趴在甲板上一边用手指敲着甲板一边喊道：“身——残——志——坚！”

大家在甲板上哈哈笑成一团。

风波不断的太平洋，眼看我们就要穿越了。

“青岛号”在经历了雷电袭击、失去一切导航设备之后，不得不放弃了所有的战术运用，闭着眼一条直线向东跑去，根本不知道其他船队的位置。一路上，我们兵来将挡，水来土掩，只求火速跑到旧金山完赛修船。谁知比赛结束，

穿越太平洋
图片来源：明浩

我们居然意外地斩获了第四名。第四名啊！上一站到青岛我们才拿了第七名。到岸确认了大部队船队真的都在我们后面，一时间大家都欣喜不已。

“这次闭着眼跑也比用战术跑得好呀！”末了，大家不忘消遣船长两句。

在风景如画的旧金山停靠，给了疲惫至极的船员们难得的安慰。感谢来自家乡的春宁早早帮我安排好了到岸的住宿。一下船，我痛快地洗了一个月以来的第一个热水澡，搓了半澡盆的泥，又踏踏实实地睡了个好觉。我感到身体内的元气大大地恢复了。

到岸第二天，照常是船上的深度清洁。一船人热火朝天地把船拆开，洗干净了又装回去。到了傍晚，大家都累得人仰马翻。我们这边正准备结束工作时，看见组委会的人员往码头跑，抬头一看，“佳明号”准备进港了。

我赶紧跑去加入迎接的人群，为这群刚刚用了 29 天穿越太平洋的水手送上热情的欢呼和掌声。他们每个人都满脸风霜，像昨天的我们一样，疲惫又欣慰。

我找到丹，隔着护栏给了他一个欢迎的拥抱。

“来得正好，刚好赶上晚饭。”我笑着打趣他，“嘿，就一个月没洗澡的状态来说，你闻起来还不算太糟嘛。”

他笑笑，乐得屁颠儿屁颠儿的，接着便跟我和乔恩两个好友一起去了岸上的酒吧，喝一杯接接地气。我们三个人再加上青岛来的刘军和王务崇，就是第六赛段整个克利伯帆船赛里的亚洲明星阵容了。当天晚上，我们几个聚在一起喝了个酣畅淋漓。临走的时候，丹借着酒劲儿亲了亲我的脸。

“要不要和我在一起？”他又笑眯眯地问。

乔恩一扭头的工夫看见我和丹已经手拉着手了——如果不是因为他已经喝得东倒西歪，估计他的下巴都要掉下来了。

水手的恋爱实用主义

自从成了丹的女朋友，他就开始大力发挥自己的医师余热。从旧金山出发之前，他一脸若无其事地溜达到我们的船上来，自顾自地检查了我的个人营养品补给。

“这是什么？”他指着我的维生素 C 咀嚼片问道。

“维生素 C 啊，”我一脸茫然地说，“那上面不是写着吗？”

“说是维生素 C，但你看，每片重量是 850 毫克，其中维生素 C 的含量只有 50 毫克，能量却有 1700 多千焦。说它是糖豆更合适吧！”他一本正经地指给我看。

我满脸“黑线”，我就是那种只看品牌和名称，从来不读成分表的人。

“怪不得我白长了那么多斤……”

“复合维生素你吃的是哪一种？”他继续问。

我报了个知名的国际保健品牌。

“嗯……那个啊，也就是广告做得好，效果一般。这样吧，还是我亲自给你准备放心。”

第二天，他拎了鼓鼓囊囊的两大袋东西来到了“青岛号”上。

“这瓶是膳食纤维，每天早饭后两片，保证你的肠胃蠕动规律又正常。”他拿着一个家庭装的超大瓶膳食纤维和我说。

“这瓶是强力维生素C，饭后一片，能增强你的抵抗力。”又是一大瓶家庭装。

“这瓶是复合维生素，一天一片，全面补充营养。”居然还是家庭装的。

“还有，治胃炎的药，每天……”

“老天，”我笑嘻嘻地看着他，“我早已忘了最前面的那个要怎么吃了。”

我好奇他另外一个大防水袋里装的是什么。

他笑眯眯地打开了防水袋，原来是一大袋各种口味的中国泡面。

我被突如其来的幸福感冲昏了，脑袋里只有“这——下——发——达——了”这几个大字。

长期在船上生活，越吃越没食欲。英国人做饭毫无水准可言，吃的东西总是甜兮兮的，没点儿咸味。这种时候，一块豆腐乳、一包亚洲风味的泡面，对中国人的肠胃来讲，才是真正的救星。没有什么比一碗飘溢着熟悉味道的热汤泡面更能温暖我的灵魂的。丹听我念叨了不少对家乡泡面的怀念，就把他们船上在青岛采购但是没几个人吃的泡面搜罗了一下，统统带给了我。此外，还有一些速溶的菠菜汤和紫菜蛋花汤。

我感动得不得了，从自己最心爱的补给中选了一瓶香辣酱送给他。

“投我以泡面，报之以‘老干妈’。”

这一刻，我们四目相对的时候，简直就是真爱啊！

在船队间，再也没有什么消息比绯闻八卦传播得更快了，更何况是我这个“青岛号”上亲切可爱、全程无绯闻的中国女生。

“什么？什么？什么？你恋爱了？”船长做出不可思议的夸张表情，“可我一直以为你爱的是我啊！”

我白了他一眼：“省省，我又不是受虐狂……”

“‘佳明号’的丹？哦，别说，你们俩长得还挺像的……”他用手托起下巴，若有所思。

“哪里像？哪里像？”我绝对是被爱情腐蚀了智商。

“你们都长得像花栗鼠，特别是那对腮帮子……”他夸张地鼓起腮帮子。

我愣了一秒，旁边的吉米和小乔治早已笑得花枝乱颤。

“至少他有头发！”我毫不客气地冲着船长的软肋一刀捅过去。

一时间，吉米和小乔治惊得张大了嘴巴——在这条船上，从来没有人敢公开嘲笑加洛夫日渐稀疏的头顶……

凝滞的空气中，无声的哀号划破天际。

我假装听不见，扭头高高兴兴地找丹约会去了。

第八章

另一个世界

无风的煎熬

从旧金山出发前往巴拿马的比赛，我们就像中了邪，不顺的事情一件接着一件——不是升帆索缠在支索上，就是每次放球帆都会因各种问题导致迫降。我们只有不停地补帆，眼看着我们就要一节一节地落到大部队的尾巴上了。

赛段船员们刚刚上船，他们的新鲜劲还没过去，可我们几个全程船员却个个急火攻心。船长皱着眉头，嘴上虽然不说什么，但我知道他也是一身内伤，否则他不会又开始狠揪他那所剩无几的几根头发。

紧接着，我们就进入了无风带。

对水手来说，无风是所有状况中最折磨人的。这种焦灼的煎熬远比狂风暴雨还要可怕，至少在风暴中你是在向着目的地狂奔的，但没有风，就哪儿都去不了，活像坐牢。

所有人都在焦虑——焦虑我们落在大部队的后面，无颜面对江东父老；焦虑错过和家人相聚，焦虑订好的机票、酒店统统作废。

到港的日期大大拖延，烟民们统统断了粮，小乔治和吉米走投无路之下连我从中国带来的茶叶都给卷了抽……多重打击之下，整条船又变成了火药桶，谁对谁都没好气，真是人间地狱。

连着两天了，在无边无沿的太阳炙烤之下，海面平滑如镜，一丝风也没有。连最轻薄的觅风帆也无能为力——它沉闷地呼啦呼啦响着，让人昏昏欲睡。我们沉重的船身在广阔的太平洋上磨磨蹭蹭，举步维艰。整条船焦躁得似乎一触即发，而水手们则像被关在牢笼里的囚徒，做梦都在想着低气压。

“风来，风来！”每个人都在甲板上下默默祈祷。

“风来，风来！”吃饭的时候，大家端着饭盆，望着天祈祷。

“风来，风来！”甚至睡觉的时候，我们也念念不忘。

4 个小时的值班下来，我们居然才勉强跑了 3 海里。这 3 海里中还有 1.5 海里是被逆向的水流拖着往回跑的。所有人陷入严重的焦虑，而我无比盼望着船能尽早靠岸，和丹相会。总共就那么四五天的陆地停靠时间，我很担心无风带把我的约会给搅黄了。

“哎呀，”我欲哭无泪，“我走路都比这快……”

“哎呀，”吉米欲哭无泪，“我倒着走路都比这快……”

第二天，SeaPro 上的风预报说，几个小时之内就会起风。一片有气无力的无风带当中凭空出现一堆象征风力的粗大箭头，这让导航室里的人激动不已。但这看起来可不是七八节的小风，而足足有 25~30 节呢！这风应该三四个小时之后就会来了，大家兴奋地奔走相告。

“下值的班组睡觉的时候把自己的帘布绑结实了，免得睡着睡着掉下来。”船长不忘笑着嘱咐大家。

等啊，等啊，等啊，我们等了一天一夜，连风的影子也没有见到，船还是在原地打转。

“这是什么预报，一点儿也不准！”大家愤愤不平，感觉受到了极大的侮辱。

“还是别指望预报了，我们改成每日占星好了。”吉米说。

虎鲸与飞鱼

这一路，越往南走越热，大家就一路走一路脱——脱了棉帽脱手套，脱了外套脱长裤。这会儿，白天已经是 35 摄氏度左右的高温了，白晃晃的阳光非常刺眼，甲板被晒得滚烫。身上只剩短衫短裤了，一船人的身上都黏糊糊的，不停出汗，干了又湿，湿了又干，又脏又酸，活像一群海盗。

我们沿着墨西哥西岸向着巴拿马的方向前进，北纬 16 度，离赤道越来越近。想来也好笑，在陆地上一年不过一冷一热，而我们就这么马不停蹄地绕着地球没命地跑，这已经是海上的第三个酷暑了，之后还会有第三个严寒。

世上一日，海上三秋。

只有暑热开始散去的黄昏才是一天中最美好的时间——太阳西

沉，阳光渐渐失去了热度，染了漫天的红霞，偌大的天空整个是不可思议的粉橙色。依然没有风，船在如平镜一般的海上有气无力地挪着，海豚探出头，懒懒地绕着船转圈。

不知是谁放了一首老歌——披头士的《黄色潜水艇》，那青春年少的声音飘荡在这几乎静止了的时空里，让人霎时徒生思绪。

若是无心比赛，此处就是世界尽头的天堂。

年幼的虎鲸从海里跃出，好似慢镜头一般——漆黑的背，雪白的肚皮，海水顺着它的身体哗啦啦坠落。它在空中停留了一秒钟后，又哗啦一声坠入水中。

飞鱼惊起，振动着轻薄的翅膀，像长了脚一样，在水面上慌不

飞鱼爱飞翔

择路，留下一圈一圈的涟漪。有几条飞鱼不小心搁浅在黑夜的甲板上，扑棱来扑棱去，最后变成了鱼干。同样会跳上甲板的还有好奇心强的鱿鱼宝宝，夜色中一点点灯光就会吸引它们的注意力，然后像飞蛾一样不计后果地跃进我们的餐锅。

夕阳和晚霞之后，星星点亮了夜空。

天蝎星座在夜幕里熠熠生辉，象征心脏的那一颗星火红炽烈，代表永不止息的执着。它打开的双臂朝向天秤座，回钩的尾巴在半人马座和豺狼座之间妖娆着。织女星闪烁在天琴座，和牛郎星隔着银河脉脉相对。织成整个幕布背景的是不可胜数、明明灭灭的群星。偶尔有流星划过天际，就会在一瞬间爆发出耀眼的光芒。

每当我静下心来观赏这些天穹的光火，一切世间的情绪都会平息。

或许有些星星早已陨灭，而它们明亮或微弱的光芒却经过数万光年的跋涉落入我的眼底。

这个宇宙，时间漫长久远到以亿万年计。

悲喜却不过朝暮之间。

沧海尽头，唯有时间永恒。

而你我，又何从忧惧？

夜海赏月

今晚的月色真美，月亮明亮圆满，照耀在无边的夜海上，美轮美奂。

顺风顺水
图片来源：布雷恩 · 卡林

这是海上的第几轮满月了？可有美人鱼伏在礁石上对月当歌？

美人鱼姐妹们的歌声妩媚、勾魂，让路过的水手心弛神往。她们长长的睫毛垂下，如海藻般卷曲的长发在夜风中轻轻摆动，鳞片闪烁如泪光。

风小，没事做，我就在夜风中出神。

终于搭上了南下的信风，一路顺风顺水。虽然通过巴拿马运河之后掉转方向顶风北上略有颠簸，但至少气候温暖宜人。渐渐远离赤道的湿热，我在甲板下面也开始睡得越来越沉。航行的日子变得如蜜月般舒适，这是从来没有过的。

午饭的时候，我听到新船员抱怨航行如何艰苦、船舱的气味如何难闻、倾斜的角度如何让人行动困难、船员们的言行如何粗鲁。

我简直莫名其妙，不禁哑然失笑。

老天，这都已经好得像蜜月期了，你们居然还在抱怨？

是我自己变迟钝了吗？

从北大西洋的颠簸，到南大洋的滔天巨浪；从印度洋的炙烤活人，再到北太平洋的酷寒冬夜……这一切让我变得黝黑结实，手上的皮一层层脱掉，身上的瘀青和伤痕渐渐消失不见，我的眼神越来越清澈，声音越来越笃定。

我越来越坚强，越来越坚定。

妈妈，这是你想要看到的我吗？

眼看着原本遥遥无期的环球航行渐渐接近尾声，甲板上各种闲聊总是会不自觉地转到同一个话题上："What will you do when you back to the real world?"认真翻译过来总是觉得有点儿好笑——回到现实世界之后，你打算做些什么？

难道我们在这船上，不过是黄粱美梦吗？

一年来，雷打不动地上值下值，冲着明确的方向航行，已经成了我们固有的生活模式，忽然间多出来无数选择，反而让我们有些不知所措。这感觉就像置身牢狱多年的人忽然要恢复自由身一般，我们对即将到来的大把自由有些陌生和惶恐。

彼得爸爸虽然已经可以退休了，但他还是想找份事情做，他或许会帮朋友打理公司事务。

小乔治体重长了十几斤，肩宽体阔，已经不再是那个刚上船时的小毛孩儿了，他成了真正的男子汉。他说，回去后他要补上这一年错过的所有派对，然后去法国当名帆船教练。

劳伦斯要回到他的餐厅去——这家伙跑出来一年多，餐厅已经濒临倒闭。

我只想回到妈妈的身边，照顾她的饮食起居，给她讲路上的故事。

等我们回去之后，日复一日浸没在平凡的生活里，会不会在某个时候若有所思地放下手里的事，出神地想起我们在风浪中一起前进的时光？想起这条承载过我们生命的船？想起今夜的月光和银河？想起那些无边的海水和航行？

想着想着，牙买加就快到了。

牙买加的快乐

停靠在牙买加的日子正是雨季，每天早晨都是湿漉漉的。我带着前夜的些许宿醉，半睡半醒地躺在床上，懒洋洋地掀起窗帘的一角。窗外，雨声依然大作，光线昏暗。

这次到岸，我们几个船员一起合租了一栋半山别墅。说是别墅，其实每个房间里的陈设都相当简单——两张单人床加一个床头柜就是全部家具了。唯一的好处是，别墅的位置得天独厚，坐山面海，有宽阔的露台和夜里的漫天繁星。我们白天去船上做做维修保养的工作，晚上就和船员们聚在露台，一起喝着朗姆酒聊天，交换着各条船上的八卦趣闻。

作为水手，我们的生活简单到了极致。每次一靠岸，就赶紧洗白白、睡觉觉，然后就是把酒言欢，不醉不归。海上的艰苦让人不由得珍惜陆地上的一切，那种劫后余生的感受如此深刻地烙在我的记忆里，从此无论天涯海角，我都会对生活充满感恩之心。

牙买加很贫穷，窄窄的街道，小小的平房，甚至连树上结的果子都是又小又干瘪的。虽然我们停靠的安东尼奥港是正经的市中心，却连一条平整的路都没有。店铺是歪歪扭扭的棚户，只用油漆在门脸上写着“饭店—美味餐饮”或者“各种电话卡”，就算是开张做生意的了。市场里贩卖的蔬菜也像是自家地里随便长出来的——手指粗的胡萝卜和灰不溜丢的小洋葱，就连香蕉、杧果这些水果也是大小不一、有青有黄，像是在路边随便摘的。我怀疑当地人完全没有农耕和化肥的概念。所谓的农业就是看哪里有果子，熟了就摘，带到市场卖几个钱再去换朗姆酒喝。现代人讲究“天然有机”，在这里，可是百分之百保真的“有机”。万物肆意地随着季节生长成熟，水果自然都甜到不可思议。

牙买加是个小国家，却有三样东西世界闻名——蓝山咖啡、朗姆酒，还有一手擎着大麻烟一边把雷鬼音乐唱红全球的鲍勃·马利。这里再穷也不能没有派对！他们虽然物资匮乏，却过得非常快活，这让我很难理解。这个国家的生活哲学就是这样的——活在当下，乐在当下。

红黄绿三色横条旗下，当地人头上都扎满了小辫子，不管男女，一咧嘴都是“Yeah man”式的口头禅。空气中飘散着大麻的味道，大街小巷都是雷鬼音乐那有一搭没一搭的吉他声。

港口附近，皮肤黝黑的牙买加青年一边积极做着生意，一边大胆地和女船员们搭讪。

“你想要一个牙买加男朋友吗？”我在风味烤鸡的摊位上流连了一会儿，那个做买卖的帅气男青年就这样单刀直入地问我。

我的脸一下子就红了，还没来得及说话，“佳明号”的丹就一把把我拉过去，笑着说：“她已经有一个了。”

过去的水手

告别牙买加的那个清晨和往常一样下着雨。

我和其他船的船员拥抱告别后，便开始备船，挂帆，解缆。过去的 9 个月，我们就像这样不断地告别，一次又一次地启程和重逢，像一场场轮回。

起航的时候，我对“佳明号”又多了一份牵挂。苍茫的大海上，我和丹又要分头经历同样的航路和风雨，再次见面该是 10 多天后。

航行第一天晚上 6 点，正是两个值班组换班的时候，船长就等在甲板上，他的神色有些凝重。等所有人都在甲板上安静下来的时候，他轻轻地说：“10 天前，在离英国波士顿西南 1000 海里方向，40 英尺的‘Cheeki Rafiki 号’发生了事故，救援船队昨天发现了倾覆的船只和依然系在龙骨上的救生艇，可是船长和船员全部失踪了。今天，海岸警卫队确认，有 4 名水手已经遇难。现在，让我们一起

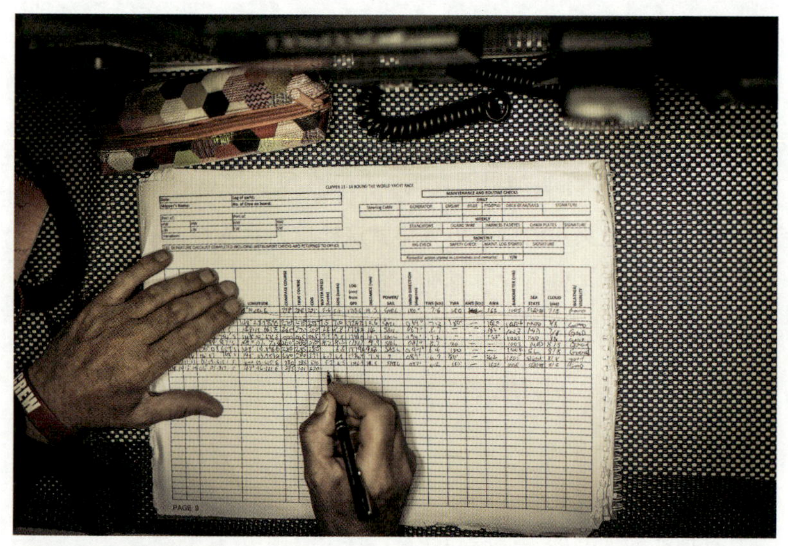

没有记录，就没有发生
图片来源：布雷恩·卡林

为这些永远留在海上的生命默哀一分钟。”

说完，他扭头去了船尾，只留下一个沉默悲伤的背影。那条船上有两个人都是他熟识的朋友。

即使不相识，也再没有人比我们更能感同身受。

甲板上一片肃穆。

夕阳的余晖小心地洒在白帆上。

风吹动一根根支索，发出低低的呜呜，船头一起一伏，浪花拍打着船舷哗哗作响，好像为水手们吟唱的挽歌。

为何你要驶向远方，自讨苦吃？

为何你在风浪中大笑，连血液都成了湛蓝的颜色?

如果一定要解释才能够明白，那么无论怎样解释也不会明白。

生命从此不过重回大海。

对人生最好的珍惜，是依照自己的心意活着。

饿就吃饭，爱也不必撒谎。

没有最糟，只有更糟

自牙买加起航以来，我们好像中了一个魔咒，不管怎么努力挣扎，起航之后没多久就会沦落到整个船队的尾巴上。不管我们跑到哪里，无风带仿佛都在特意等着我们——越跑风越小，最终消失不见。我们晃啊晃啊，用两三节的船速晃了几天。算算时间，眼看着又要错过到岸进行各项活动的时间了。直到接近比赛尾声，我们才勉强超越了“使命必达号”和“佳明号”，以第十名的成绩交了差。

而等我们开动了马达，一直隐身的风却来了，而且是二十几节的正顶头风。原来 8 节的船速咔嚓一下降到 4 节，我们还要和风浪抗争。屋漏偏逢连夜雨——我们的油也不够了，而且估计今天半夜就会跑光，之后只能继续用风帆航行。现在离纽约还有 450 海里，正顶风来回换舷前进就等于 900 海里。下一段 7 号出发，我们 4 号才能到!

这个时候，船上的卫星网络也出了问题，和外界的主要联系被切断，我再也不能收到丹发来的邮件了。船员们连唯一的心灵鸡汤也没了，这条船简直成了一座移动的海上牢房。一想到所有的到港计划都成了泡影——很多人会错过飞机，错过预订的酒店和与亲朋好友相聚的时间，所有人都暴躁不堪。

然而，这还不算完。我们既然已经到了喝凉水都塞牙缝的境地，情况就势必会继续坏下去。当你觉得事情不能更糟的时候，现实就会一再提醒你：没有最糟，只有更糟。晚上 10 点下值之后，我满心焦躁，翻来覆去地睡不着——这正是典型的不祥的预感。半夜 1 点，船在一个又一个大浪中挣扎着前进，忽然，一个巨大的颠簸过去后，引擎就开始响得不对劲了，好像快速转动的洗衣机里忽然被丢进了一个秤砣。马达越来越无力，紧接着，船开始东倒西歪，晃得毫无章法。我听见小乔治在甲板上几乎要把肺吼出来了——

“我的舵失灵了！我的舵失灵了！快去下舷掌舵！”

船长的鼻梁断了

“糟了！”我一个激灵起身，新船员们从床铺里探出脑袋，像吓傻了的呆头鹅。在他们疑惑茫然的眼神中，我和几个老船员迅速套上衣服跳下床。长手长脚的船长已经先我们一步冲到了甲板上。船潮湿颠簸，四周一片漆黑。尼克在下舷把着舵，浪花啪啪地打上来，他的大半个身子都在海浪里。上舷的舵茫然地空着，已经失去了联动。（“青岛号”的船舵是双联舵的设计，左右舷各有一个船舵，都

硬核船长加洛夫
图片来源：布雷恩·卡林

可以用来控制船的方向。顶风时，船身会向一侧倾斜，低船舷一侧的船员视线受阻，非常容易落水。因此，正常情况下，舵手都会在安全的上风高船舷一侧掌舵。）

船舵的联动机械在船尾下方的储物舱里，两个舵的联动通过钢丝连接到轴承，进一步控制舵叶的转动方向。储物舱本来就狭小，再加上备用的汽油、淡水、船锚还有生活垃圾都堆放在里面，基本上也就只剩一个人转身的空间了。船倾斜着，天黑了我们从来不下储物舱，可是船长等不及了，决定冒险戴上头灯下去维修。乔纳森也跟着下去帮忙。

刚下去没多久，就听见船长和乔纳森一起大声骂起来。很快，两个人从储物舱里一前一后地爬出来。直到下到船舱，我们借着灯光才看到船长和乔纳森满脸都是血。船长看起来更严重，血流不止，他仰着头哼唧了一声：

“鼻子断了。”然后他咕咚一声，咽了一口血。

加洛夫船长是我见过的最有男人气概的人，他鼻梁断了，却只是擦擦血，贴个创可贴固定。他满嘴是血地问我：“鼻子这样一歪，是不是更性感了？”

听他这样一说，拿着纱布的我忍不住扑哧一声笑出来，口水喷了他一脸。大家跟着哈哈大笑，原本很血腥、很紧张的现场一下子就缓和了下来。

像他这样一个硬汉型的船长，永远可以大事化小，小事化了。

一年来，无论面对多么险恶的境况，只要有他在，我们心里就很踏实。环球的这一年，船上受伤最严重的一直都是他——断手指，断鼻梁。他在大家视线之外实操着航海大计。虽然他偶尔也会做爆米花，黑着脸当恶人，但作为一船之长，他就是我们的守护神。我想起这一年没少骂他尖酸刻薄，可是相处的时间越长，我越从心底里理解加洛夫身体里面的那个“加洛夫”。

想着想着，我不禁热泪盈眶，原本满心都是不能到岸的焦虑，这下子全部放下了。我只求一船人平平安安到港，剩下的，随遇而安。

不只是我，全船的人也都因为这场突然的事故平和了起来。心绪一旦放平和，日子就没那么难熬了。反正到岸在即，制水机也工作正常，中午下值的时候，我就奢侈地用了2升淡水把油腻了10多天的头发洗了洗——嘿，洗完之后还真觉得自己又意气风发了！作为船上的女生，我一不能购物，二不能撒娇，最解压的事莫过于在风平浪静的日子静悄悄地洗个头，恢复点儿干净清爽的样子。人干净了，又借了船长的移动硬盘，我抱着笔记本电脑一口气连看了两部喜剧，笑到抽筋，完全忘了自己还在船上。

我们相逢，我们作别

抵达纽约，离开纽约。

抵达德里，离开德里。

到达荷兰，离开荷兰。

备船，挂帆，解缆。

拥抱，挥手，道别。

从纽约开始，时间就转得快起来了。也许因为这是所有赛段中停靠时间最长的一段，也许因为这是环球的最后一段，总之这一段充满了抵达和离别的循环。

这一切像是在为谢幕做彩排。

我渐渐记不清，我们刚刚离开的是哪个港口，又要去往何处。午夜两点的夜色中，茫茫大海上相遇的货轮就像徐志摩的诗一样：

你我相逢在黑夜的海上，
你有你的，我有我的，方向；
你记得也好，
最好你忘掉，
在这交会时互放的光亮！

致敬船长
图片来源：明浩

人生际遇也似夜海行船，交会的时间或长或短，但最终总是免不了告别。

过去的一年间，我就是像这样不断地练习告别。我暗暗希望自己会变得超脱，然而，300多天过去了，我似乎没什么长进。就算心被打碎再多次，我也可以连吭都不吭一声。但一到挥手告别，我却总是心有戚戚焉，默默伤感，无法潇洒面对。

也许，强大并非意味着不会难过。

回到彼岸

回伦敦的路上，若不出意外，又将是一场“期末考试”。

风浪暴涨，要换帆。彼得爸爸带了两个人下到底舱往上送帆，我带了我们组剩下的几个人到前甲板去把帆接上甲板，再在风浪中挂上前支索，降下 2 号帆，升上 3 号帆。我一直在船头，下一个铜扣我就大声报一个数给大家鼓劲儿。风浪拍得越大，我就笑得越大声。大浪一个接一个地从背后拍打过来，巨浪一次又一次地把我们抛到半空中，只见我们双脚腾空而起，然后全靠安全索把人拉回甲板。救生衣在大浪的拍打中自动爆开，等拖着帆爬回中舱时，新水手们目瞪口呆地看着这些操作，向我们投来敬佩的目光。

就在这时，天空中出现了一道美丽的彩虹。

狂乱的风浪中，这条彩虹出现得恰到好处。

我趴在甲板上筋疲力尽地望着它，忍不住笑起来——就这样了吗？考完了吗？

我累得四仰八叉，歪在湿漉漉的甲板上，受伤的手指和脚踝隐隐作痛。仰望无边的不断摇晃的蓝天，我觉得自己帅爆了。

换值的时候，乔纳森经过我旁边，夕阳中，那张总是紧绷着的扑克脸似乎多了一丝柔和。他停顿了一下，看着我的眼睛说：“祝你

飞翔

图片来源：明浩

睡个好觉。”

“乔纳森……祝你值班愉快。”我愣了，条件反射似的回答。

他意味深长地看了我一眼，转身上了甲板。我望着他的背影，鼻子一酸，眼泪几乎要掉下来了。我怎么对这个最让人讨厌的家伙都讨厌不起来了？

明天就要最后靠岸了。回到休息舱的我怎么也睡不着。我打开了 Kindle 读书，每隔一个小时，就会有人蹑手蹑脚地穿过昏暗的休息舱去往导航室做航海日志，他们看见依然醒着的我略感惊讶，轻声问候一声，就匆匆离去。

休息舱里的空气开始变得温暖而浑浊，沉睡中的呼吸声在耳边此起彼伏。一种说不出的安全感和舒适感在摇摇晃晃中蔓延。一层船壳之外，流动的波浪声是水手们不休的催眠曲，起起落落，无穷无尽。

我在黑暗中合上眼睛，想象着船舱里每一个人的面容。就算直到最后我也没学会好好告别，我起码也可以努力记清楚每份感受。多年之后，当我回忆起这一幕，气味和温度都会触手可及。

黑暗中，整个世界随着床铺有节奏地摇晃着。我的“怪兽”在夜色中奔跑——它的心，巨大而温柔，沉默无语，一路守护。漫天的星河灿烂，我们在无垠的银色大海上奔驰，忘了时间，忘了来处。清凉的海风穿过发丝；雪落在勃朗峰，形成六芒星的形状，金黄的树叶在脚下发出沙沙的声响；波光粼粼的深海，鲸鱼在月光下一跃而出。无穷无尽的星空，无穷无尽的文明，诞生又湮灭。

天地玄黄，宇宙洪荒；将生将死，将死将生。

我终于陷入沉睡，两个世界在一片震耳欲聋的轰鸣中，合二为一。

附录　船体结构示意图

图片来源：本图由克利伯中国提供

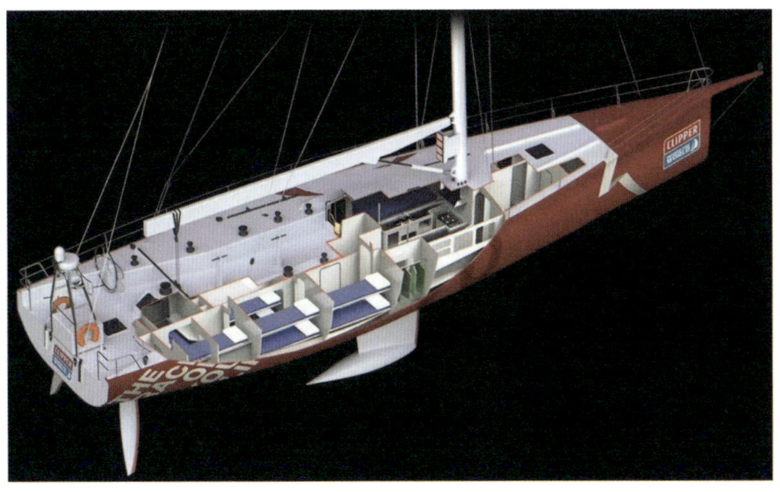

图片来源：本图由克利伯中国提供